Theorien des Sozialstaats zur Einführung

Stephan Lessenich

# Theorien des Sozialstaats zur Einführung

JUNIUS

Junius Verlag GmbH
Stresemannstraße 375
22761 Hamburg
info@junius-verlag.de
www.junius-verlag.de


Umschlaggestaltung: Florian Zietz
Titelbild: Initiative Neue Soziale Marktwirtschaft
Satz: Junius Verlag GmbH
Printed in the EU 2026
ISBN 978-3-88506-699-6
2., korrigierte Auflage 2026
(zur Einführung; 399)

Die Deutsche Nationalbibliothek – CIP-Einheitsaufnahme

**Bibliografische Information der Deutschen Nationalbibliothek**
Die Deutsche Nationalbibliothek verzeichnet diese Publikation in der Deutschen Nationalbibliografie; detaillierte bibliografische Daten sind im Internet über http://dnb.dnb.de abrufbar.

# Zur Einführung ...

... hat diese Taschenbuchreihe seit ihrer Gründung 1978 gedient. Zunächst als sozialistische Initiative gestartet, die philosophisches Wissen allgemein zugänglich machen und so den Marsch durch die Institutionen theoretisch ausrüsten sollte, wurden die Bände in den achtziger Jahren zu einem verlässlichen Leitfaden durch das Labyrinth der neuen Unübersichtlichkeit. Mit der Kombination von Wissensvermittlung und kritischer Analyse haben die Junius-Bände stilbildend gewirkt.

Von Zeit zu Zeit müssen im ausufernden Gebiet der Wissenschaften neue Wegweiser aufgestellt werden. Teile der Geisteswissenschaften haben sich als Kulturwissenschaften reformiert und neue Fächer und Schwerpunkte wie Medienwissenschaften, Wissenschaftsgeschichte oder Bildwissenschaften hervorgebracht; auch im Verhältnis zu den Naturwissenschaften sind die traditionellen Kernfächer der Geistes- und Sozialwissenschaften neuen Herausforderungen ausgesetzt. Diese Veränderungen sind nicht bloß Rochaden auf dem Schachbrett der akademischen Disziplinen. Sie tragen vielmehr grundlegenden Transformationen in der Genealogie, Anordnung und Geltung des Wissens Rechnung. Angesichts dieser Prozesse besteht die Aufgabe der Einführungsreihe darin, regelmäßig, kompetent und anschaulich Inventur zu halten.

*Zur Einführung* ist für Leute geschrieben, denen daran gelegen ist, sich über bekannte und manchmal weniger bekannte Autor(inn)en und Themen zu orientieren. Sie wollen klassische

Fragen in neuem Licht und neue Forschungsfelder in gültiger Form dargestellt sehen.

*Zur Einführung* ist von Leuten geschrieben, die nicht nur einen souveränen Überblick geben, sondern ihren eigenen Standpunkt markieren. Vermittlung heißt nicht Verwässerung, Repräsentativität nicht Vollständigkeit. Die Autorinnen und Autoren der Reihe haben eine eigene Perspektive auf ihren Gegenstand, und ihre Handschrift ist in den einzelnen Bänden deutlich erkennbar.

*Zur Einführung* ist in verstärktem Maß ein Ort für Themen, die unter dem weiten Mantel der Kulturwissenschaften Platz haben und exemplarisch zeigen, was das Denken heute jenseits der Naturwissenschaften zu leisten vermag.

*Zur Einführung* bleibt seinem ursprünglichen Konzept treu, indem es die Zirkulation von Ideen, Erkenntnissen und Wissen befördert.

Michael Hagner
Dieter Thomä
Cornelia Vismann

# Inhalt

# 1. Der Sozialstaat als soziale Tatsache

## 1.1 Sinn und Sinnlichkeit

Den Sozialstaat als eine soziale Tatsache zu bezeichnen mag im ersten Moment banal klingen. Wir kennen den Sozialstaat als eine öffentliche Instanz, die für die Sicherung der materiellen Existenz der Bürger und Bürgerinnen eines politischen Gemeinwesens sorgt. In dieser Eigenschaft errichtet er Ämter, verpflichtet Personal, prüft Anspruchsberechtigungen, zahlt Gelder aus, gewährt Leistungen. Der Sozialstaat ist mit *dem Sozialen* befasst: Er kümmert sich um die Lebensbedingungen »seiner« Bevölkerung, er sorgt sich um die Lebenschancen der Leute, sucht gleiche oder gleichartige Ausgangspositionen herzustellen, offensichtliche Benachteiligungen auszugleichen, den Verlierern in der »Lotterie des Lebens« eine zweite, womöglich auch dritte Chance zu gewähren (Prantl 2010). Der Sozialstaat ist eine politische Institution zur Ordnung der gesellschaftlichen Verhältnisse gemäß bestimmten, allgemein geteilten Wertvorstellungen der sozialen Sicherheit, Gleichheit, Gerechtigkeit. Als solcher ist er eine in den je spezifischen sozialen Strukturen einer historisch-konkreten Gesellschaft verankerte Instanz der politischen Gestaltung des Sozialen – und also in der Tat, und zwar in doppeltem Sinne, eine soziale Tatsache. Was sonst?

Die gesellschaftliche Bedeutung des Sozialstaats ist mit einer solchen ersten, noch eher alltagsweltlich gefärbten Annäherung an den Gegenstand durchaus angesprochen und angedeutet, aber aus der – im Folgenden einzunehmenden – soziologischen Perspektive noch keineswegs hinlänglich erfasst. Was Émile Durkheim, einer der anerkannten »Klassiker« der Disziplin, mit der Rede von den »sozialen Tatsachen« (*les faits sociaux*) als Motiv und Motor soziologischen Denkens und Verstehens meinte, geht über das zur sozialen »Faktizität« des Sozialstaats eingangs Gesagte hinaus. Dabei muss man Durkheims »übersoziologisierende« Position, wonach das Soziale nur aus dem Sozialen zu erklären sei (vgl. Durkheim 1895: 220 f.; vgl. Wrong 1961), nicht unbedingt teilen, um in die weiteren Überlegungen zum sozialen Charakter des Sozialstaats einen grundlegenden *durkheimianischen* Gedanken mit einzubeziehen: dass nämlich soziale Tatsachen gewissermaßen ein Eigenleben – jenseits, außerhalb, »oberhalb« der Individuen (in) einer Gesellschaft – führen und gleichsam einen äußeren Zwang auf den Einzelnen auszuüben vermögen bzw., genauer, dem oder der Einzelnen wie ein von außen auf ihn oder sie einwirkender Zwang erscheinen mögen.

Das »Zwanghafte«, sozial Zwingende des Sozialstaats soll in dieser Einführung von Beginn an – neben der befähigenden, sozial ermöglichenden Dimension seines Handelns – im Zentrum einer theoretischen Erkundung und Ergründung der sozialstaatlichen Gesellschaftsformation stehen. Die in die Strukturbildungen und Strukturbildungsprozesse moderner Gesellschaften eingelagerte Dialektik von Freiheit und Zwang, Befreiung und Disziplinierung (Wagner 1994), wird vielleicht nirgendwo so deutlich (und damit auch soziologisch *begreiflich*) wie im Falle des Sozialstaats und seiner Institutionenordnung. Der Sozialstaat ist »sozial« zuallererst nicht in dem uns heute alltagssprachlich und -wissentlich geläufigen, normativ aufgeladenen Sinne seiner sorgend-helfenden, gesellschaftlich ausgleichenden und befriedenden Intervention. Er ist Sozial-Staat zunächst in dem (mehrfachen) analytischen Sinn, dass er (a) in seinem Handeln Bezug nimmt auf »soziale Probleme«: Armut und Arbeitslosigkeit, Alter und Krankheit, Hungers- und Wohnungsnot, Über- oder Unterbevölkerung; (b) durch sein Handeln solche – und im Prinzip beliebige andere – gesellschaftliche Phänomene überhaupt erst als »soziale Probleme« definiert, sie zu solchen deklariert (Kaufmann 1996); (c) über seine erklärte Verantwortungsübernahme für die politische »Lösung« dieser »Probleme« die von ihnen Betroffenen – den »Armen« und den »Arbeitslosen«, den »Rentner« und die »Patientin«, den »Hartz-IV-Haushalt« und den »sozialen Brennpunkt« – als Sozialfiguren und -räume gesellschaftlicher Sorge und Besorgnis konstruiert (Simmel 1908); und schließlich (d) diese »problematischen« Sozialfiguren und Sozialräume dementsprechend als Objekte sozialpolitischer Vornahmen im Namen der gesellschaftlichen »Gesamtheit« (vgl. ebd.: 546) behandelt: als individuelle und kollektive Adressen und Adressaten der über ihre öffentliche Versorgung und Unterstützung vermittelten gesellschaftlichen Steuerung und Regulierung, Normierung und Normalisierung, Kontrolle und Disziplinierung.

Wohlgemerkt: Es geht hier wie im Weiteren nicht um »gut« und »böse«, wenn vom »sorgenden« Sozialstaat einerseits, dem »Zwangscharakter« seiner Institutionen und Interventionen andererseits die Rede ist. Es geht vielmehr einzig und allein darum, ein soziologisch angemessenes – und das heißt: seinen Januskopf, die Ambivalenzen seines Handelns, den strukturellen Doppelsinn seiner Tätigkeit vollständig erfassendes – Bild des Sozialstaats zu zeichnen. Es muss einer soziologischen Theorie des Sozialstaats gerade darum gehen, »die gängigen Vorstellungen über Gut und Böse im Raum der Sozialpolitik in Zweifel zu ziehen« (Achinger 1958: 11) – Vorstellungen, die gesellschaftlich ebenso weit verbreitet wie einer wissenschaftlichen Beobachtung sozialstaatlichen Handelns abträglich sind. Wenn im Folgenden die in der einschlägigen Literatur zu findenden Elemente eines theoretischen Zugangs zum Verständnis der sozialen Tatsache namens »Sozialstaat« zusammengetragen werden, dann liegt diesem Vorhaben die Absicht zugrunde, die dem Gegenstand inhärente (und dem Alltagsverstand unbezweifelbare) Normativität zu überwinden bzw. zu unterlaufen. Diesem Alltagsverständnis zufolge tut der Sozialstaat »Gutes« oder soll es jedenfalls tun: Armut bekämpfen, Arbeit schaffen, Bildung vermitteln, Teilhabe ermöglichen und vieles Andere mehr; nach Ansicht mancher Beobachter aber tut er dabei bisweilen auch »zu viel des Guten« und damit de facto »Schlechtes«: die Abgabenbelastung hochtreiben, die Arbeitsanreize reduzieren, die Selbsthilfefähigkeit der Menschen schwächen, den gesellschaftlichen Vormund spielen. Diese Alltagsbeobachtungen, ganz gleich ob sie von den vielzitierten »einfachen Leuten« oder von den vielgehörten Angehörigen der Funktionseliten artikuliert werden, legen jeweils bestimmte Wertmaßstäbe an sozialstaatliches Handeln an und beurteilen dieses nach Maßgabe der Einlösung entsprechender Wertideen: »Verteilungsgerechtigkeit« und »Chancengleichheit«, »Solidarität« und »Eigenverantwortung«.

Die wissenschaftliche Beobachtung kann sich naheliegenderweise nicht darin erschöpfen, diese – *als solche* wohlbegründete – Alltagsperspektive auf den Sozialstaat schlicht zu reproduzieren. Sie wird vielmehr die Frage zu klären haben, ob und in welcher Weise sozialstaatliches Handeln historisch und systematisch tatsächlich durch den politischen Kampf für »ethische Prinzipien des Gesellschaftslebens« (Achinger 1958: 12) – welcher Art auch immer – motiviert und angetrieben wurde. Sie wird ergänzend die Frage zu prüfen haben, welche *alternativen* Erklärungsfaktoren für die Entstehung und Entwicklung des Sozialstaats in Rechnung gestellt werden müssen, etwa funktionale Erfordernisse oder partikulare Interessen. Sie wird sich der Frage zu stellen haben, ob die Etablierung des sozialstaatlichen Institutionensystems, wie wir es heute kennen und nutzend mitgestalten, von der Arbeitsvermittlung über die Ausbildungsförderung bis zur Altenhilfe, das Ergebnis intentionaler (sei es werte- oder interessengeleiteter) sozialpolitischer Handlungen war – oder aber als eigentlich unbeabsichtigte Nebenwirkung anderer Staatsaktivitäten, als eher zufälliges »Abfallprodukt« gesellschaftshistorischer Eventualitäten bzw. als unkalkulierbarer Effekt der prinzipiellen gesellschaftlichen »Unbestimmtheitslücke« (Vobruba 2009: 115) politischen Steuerungshandelns gelten muss. Schließlich wird sie auch die Frage zu beantworten haben, ob die »Gesellschaftsideale« (Achinger 1958: 12), deren politische Realisierung in der Selbstdeutung oder zumindest Selbstdarstellung der relevanten Akteure doch immer *auch* eine Rolle gespielt haben, in der sozialstaatlichen Praxis tatsächlich erreicht wurden, oder vorsichtiger formuliert: welche historisch-konkreten »institutionellen Realisierungen« (Kaufmann 2003a: 36) sie in den real existierenden Sozialstaaten erfahren haben.

All diese Fragen einer bzw. an eine Soziologie des Sozialstaats werden in dem vorliegenden Einführungsband adressiert. Dabei soll, so sehr der Fokus auch auf die *Theorien* des Sozialstaats gerichtet ist, das plastische Bild eines gesellschaftlichen Arrangements entstehen, das in ganz handgreiflicher Weise das Leben der Menschen, ihre alltägliche *soziale Praxis*, prägt – und zwar in der Tat »von der Wiege bis zur Bahre«. Der Sozialstaat ist, so lässt sich im Anschluss an Anthony Giddens' »Theorie der Strukturierung« (Giddens 1984) sagen, eine nahezu idealtypische und hocheffektive *strukturierende Struktur* der modernen Gesellschaft. Als ein Staat, der tendenziell in sämtliche Bereiche des gesellschaftlichen Lebens aus- und eingreift, strukturiert er individuelle Verhaltensweisen und kollektive Handlungsorientierungen gleichermaßen. Große wie kleine Entscheidungen unseres täglichen Lebens und unserer längerfristigen Lebensplanung werden mittelbar oder unmittelbar durch sozialstaatliche Institutionen und deren je konkrete Ausgestaltung beeinflusst: zum Arzt gehen oder nicht (wie gut ist die ärztliche Versorgung in meinem Wohnumfeld, habe ich freie Arztwahl, muss ich für den Arztbesuch eine Kostenbeteiligung entrichten?); studieren oder nicht (gibt es eine öffentliche Ausbildungsförderung, ist sie vom Einkommen der Eltern abhängig, wird sie als Zuschuss oder als Darlehen gewährt?); heiraten oder nicht (honoriert das Steuersystem die Eheschließung, wie sind die Unterhaltspflichten inner- wie außerhalb ehelicher Lebensgemeinschaften geregelt, wie sieht das Scheidungsrecht aus?); Kinder kriegen oder nicht – oder vielleicht doch erst später (welche finanzielle Unterstützung haben Eltern und Erziehende zu erwarten, steht ihnen bezahlbare und dennoch hochwertige öffentliche Kinderbetreuung zur Verfügung, was sieht das Sorgerecht im Fall einer Trennung vom Partner vor?); das Erwerbsleben beenden oder eher noch nicht (kann ich auch als älterer Arbeitnehmer noch mit der Möglichkeit einer betrieblichen Weiterbildung rechnen, welche Möglichkeiten des vorzeitigen Berufsausstiegs bestehen, welche Rentenhöhe habe ich zu erwarten?) und so weiter und so fort: die Liste sozialstaatlich gerahmter Lebenssituationen und -konstellationen ließe sich in der Tat *beliebig* verlängern. Und ebenso umfangreich würde eine Auflistung der sozialstaatlichen Prägung kollektiver Lebensführungsmuster ausfallen: Bestimmten Lebenslagen (z.B. »den« Arbeitslosen), Altersgruppen (z.B. »den« Über-65-Jährigen) oder Alterskohorten (z.B. »den« Angehörigen der Babyboomer-Generation) sind eben nicht zufällig, sondern institutionell bedingt gewisse soziale Handlungsorientierungen, Werthaltungen und Lebensstile gemeinsam. So überhöht der/die durchschnittlich erwartbare Arbeitslose gerade aufgrund ihres/seines Ausschlusses aus dem Erwerbsleben typischerweise den Wert der Erwerbsarbeit und findet im Zweifel jede sozialstaatlich bereitgestellte Arbeitsgelegenheit besser, als »keine Arbeit« zu haben; der/die durchschnittlich erwartbare Rentner/in ist von der materiellen wie kulturellen Verpflichtung zur Erwerbsarbeit befreit und genießt nach Beendigung seines/ihres Arbeitslebens typischerweise einen finanziell einigermaßen gesicherten und gesellschaftlich weitgehend anerkannten »Ruhestand«; der/die durchschnittlich erwartbare Angehörige der geburtenstarken Jahrgänge zahlt über Abgaben auf sein/ihr Erwerbseinkommen die »Ruhegehälter« der gegenwärtigen Rentnergeneration, sorgt sich typischerweise allerdings um die Höhe und Verlässlichkeit seiner/ihrer eigenen zukünftigen Rente und betreibt daher parallel zusätzlich private Altersvorsorge. Und in allen diesen sowie vielen weiteren Fällen gilt, dass mehr oder weniger individuelle Ausnahmen (»faule Arbeitslose« und streitbare Erwerbslosigkeitsaktivisten; bis ans Lebensende berufstätige Familienunternehmer und nach Aktivität dürstende »junge Alte«; sorglose Hedonisten und generationengerechtigkeitsgetriebene Jungpolitiker etc.) jeweils die soziale Regel bestätigen – bis diese sich im Verlauf der gesellschaftlichen Entwicklung wiederum ändert.

Denn in dem Maße, wie der Sozialstaat die gesellschaftlichen Lebensverhältnisse institutionell beeinflusst und somit gleichsam »politisiert«, wird er seinerseits zum Gegenstand von (in ihrem Ergebnis – wie umgekehrt die politischen Steuerungsversuche des Sozialstaats auch – durchaus offenen) gesellschaftlichen Einflussnahmen. Der Sozialstaat moderner, sozialstaatlich strukturierter Gesellschaften wird unvermeidlicherweise selbst zur gesellschaftlich *strukturierten Struktur*. Er prägt nicht nur individuelle Lebensläufe und kollektive Lebensweisen, er setzt individuelle wie kollektive (bzw. kollektiv organisierte, korporative)

Akteure auch in eine institutionell bestimmte Beziehung zueinander. Was für »junge« und »alte« Menschen (die erwerbstätigen Beitragszahler der »Babyboomer«- und die erwerbsentpflichteten Rentenbezieher der »68er«-Generation) gilt – dass sie nämlich über den Sozialstaat und dessen Intervention vermittelt in spezifischer, sprich institutionell spezifizierter Weise miteinander verbunden sind –, trifft in strukturähnlicher Weise auf zahllose weitere sozialstaatliche »Beziehungspaare« (bzw. »Dreiecksbeziehungen«) zu: Gesunde und Kranke, Eltern und Kinderlose, Männer und Frauen, Steuerzahler und Transferempfänger, Arbeitnehmer und Arbeitgeber, Krankenkassen, Ärzteverbände und Pharmaunternehmen – dem Sozialstaat als gesellschaftlicher Beziehungsvermittlungsagentur sind keine systematischen Grenzen gesetzt. All diese sozialstaatlich etablierten Beziehungsmuster sind allerdings grundsätzlich dynamisch. Sozialstaatliche Institutionen richten unser Handeln ein (Polanyi 1957) und richten es auf das – seinerseits institutionell ein- und ausgerichtete – Handeln anderer Akteure aus. Sie legen dieses soziale Handeln und die damit konstituierten gesellschaftlichen Handlungszusammenhänge aber keineswegs auf Dauer fest, sondern sind beständige Quelle und strategischer Bezugspunkt von immer neuen Anliegen, Ansinnen, Ansprüchen der Handelnden. Die Jungen wollen niedrige Abgaben, die Alten hohe Renten (und im individuellen Lebensverlauf möchte man am Liebsten beides); die Gesunden wollen, dass die Kranken gesünder leben, damit sie die Gesunden nicht mit den Kosten ihrer Krankheit belasten (und wenn sie selbst schwer krank werden, sehen sie die soziale Welt womöglich ganz anders); Eltern wollen Kindertagesstätten, Kinderlose wollen vielleicht eigene (aber die Kasse zahlt die künstliche Befruchtung nicht mehr) oder vielleicht doch lieber fremde Kinder (als zukünftige Rentenbeitragszahler/innen), dafür aber nicht unbedingt Kindertagesstätten (oder nicht für fremde Kinder oder jedenfalls nicht gleich nebenan). Es zeigt sich: Der Sozialstaat eröffnet einen prinzipiell unendlichen Raum sozialer Beziehungsstrukturen – und aus ihnen sich ergebender Konfliktdynamiken (Lessenich & Nullmeier 2006). Die von ihm, seinen Institutionen und Interventionen, strukturierte gesellschaftliche Struktur schlägt auf ihn selbst zurück, strukturiert in ihrer von ihm strukturierten Bewegung ihrerseits seine institutionelle Struktur und deren Praxis.

Kompliziert? Nun ja – nur so kompliziert, wie die soziale Welt moderner, sozialstaatlich verfasster Gesellschaften eben komplex ist. Oder, in den einfacheren Worten eines Klassikers der deutschen Sozialstaatsforschung: »In allen Phasen der Entwicklung wird die Sozialpolitik durch gesellschaftliche Veränderungen gewandelt und in allen Phasen bewirkt sie selbst Veränderungen.« (Achinger 1958: 72) Der Sozialstaat ist eine soziale, sprich sozial vermittelte und daher notwendig dynamische, in stetem Wandel begriffene Tatsache – was die gesellschaftlichen Sinnsetzungen seiner Institutionen angeht ebenso wie hinsichtlich der jedem Menschen jederzeit erfahrbaren Sinnlichkeit seiner Interventionen.

## 1.2 Konjunkturen und Krisen

Wie alles im sozialen Leben hat somit auch der Sozialstaat – jenseits von »Gut« und »Böse« – zwei Seiten: eine sozial strukturierende und eine gesellschaftlich strukturierte. Betrachtet man ihn von seiner strukturierenden Seite, dann tritt er als eine, zumindest dem ersten Anschein nach, autonome Instanz der herrschaftlichen, politisch institutionalisierten *Gestaltung* gesellschaftlicher Verhältnisse auf – und den seiner Herrschaft Unterworfenen (also »uns« Sozialstaatsbürger/innen) als eine zwingende, durch

Anrechte und Anreize, Regeln und Sanktionen bezwingende institutionelle Struktur entgegen. Analytisch gesehen, begegnen wir auf dieser Seite dem Sozialstaat als »unabhängiger Variable«, als erklärendem Faktor der Gestalt gesellschaftlicher Verhältnisse an einem konkreten Ort zu einer gegebenen Zeit: als »an active force in the ordering of social relations« (Esping-Andersen 1990: 23). Der analytische Blick muss jedoch zugleich die andere Seite der Medaille erfassen: den Sozialstaat als »abhängige Variable«, als *Effekt* der gesellschaftlichen Verhältnisse, als in seiner je konkreten Gestalt aus eben diesen – durch ihn selbst (mit) strukturierten – gesellschaftlichen Verhältnissen zu erklärendes Phänomen.

Versucht man den Sozialstaat von dieser seiner anderen, strukturierten Seite zu sehen und zu verstehen, so lassen sich systematisch mindestens drei gesellschaftliche Bestimmungsmomente sozialstaatlichen Handelns unterscheiden. *Erstens* unterliegt der Sozialstaat, verstanden als komplexes institutionelles und administratives Arrangement gesellschaftsgestalterischer Intervention, einer Unzahl politischer Einflussnahmen seitens unterschiedlichster und unterschiedlich machtvoller Akteure, die entweder auf ökonomische Erfordernisse verweisen (eine geringere Staatsquote, höhere Subventionen, niedrigere Steuersätze, bessere Investitionsbedingungen u.v.a.m.) oder soziale Forderungen stellen (eine geringere Arbeitslosenquote, höhere Sozialleistungen, niedrigere Abgabenbelastung, bessere Arbeitsbedingungen u.v.a.m.). Im Kern lässt sich diese Einflussdimension so fassen, dass der Sozialstaat im Kreuzfeuer des strukturellen Interessenkonflikts industrieller Gesellschaften steht, sich die – in der Regel gegenläufigen – interessenpolitischen Anliegen von »Kapital« und »Arbeit« gleichermaßen auf ihn richten. *Zweitens* aber wird das gesellschaftsgestaltende Staatshandeln nicht nur über solch »externe« Kanäle beeinflusst, sondern zugleich auch intern strukturiert: Die Einrichtungen und Programme des Sozialstaats, seine Ämter, Agenturen und Administrationen, sein politisches Personal und die in seinem Namen oder Auftrag arbeitenden Professionen und Organisationen entwickeln, sobald sie einmal errichtet, eingerichtet, eingespielt sind, ein Eigenleben. Die unmittelbare wie mittelbare Sozialstaatsverwaltung – von der Ministerialbürokratie über die kommunalen Sozialbehörden und die Wohlfahrtsverbände bis zu den Fachorganisationen der sozialarbeiterischen Berufe – ist durch eine institutionelle Eigenlogik gekennzeichnet, die sich zwar nie vollständig von den erwähnten politischen Einflussnahmen (wie auch von den Bedarfslagen und Interessenbekundungen der sozialstaatlichen »Klienten«) zu entkoppeln vermag, die »eigentlich« gefragte Rationalität sozialpolitischer Problembearbeitung aber immer auch durch eine eigene, »eigenartige« Binnenrationalität des Apparats ergänzt. Im Zuge der Etablierung und Expansion des Sozialstaats bildet dessen politisch-administrativer Komplex ein »Interesse an sich selbst« (Offe 1975) aus, an seiner Selbsterhaltung und Selbststeuerung, das als zweites wesentliches Strukturierungsmoment moderner Sozialstaatstätigkeit gelten muss. *Drittens* schließlich ist sozialstaatliches Handeln auch in dem – mittelbareren – Sinne »durch sich selbst« beeinflusst, dass es sich mit Sachverhalten konfrontiert sieht, die ihrerseits vorherigem sozialstaatlichem Handeln geschuldet sind. Nicht nur, dass die soziale Welt, deren immer neuen Gestaltung sich der Sozialstaat widmet, eine seit dessen Entstehung gegen Ende des 19. Jahrhunderts immer schon politisch gestaltete ist, der Sozialstaat also in seiner je aktuellen Tätigkeit auf die sozialen Folgen seines eigenen Tuns, auf die – häufig nicht-beabsichtigten – Konsequenzen seiner vorherigen Eingriffe in die gesellschaftlichen Verhältnisse trifft. Neben diesen sozialpolitischen bzw. politisch-sozialen Rückkopplungseffekten ist der Sozialstaat auch – und zwar je länger er besteht und je weiter er sich ausdehnt, desto mehr – mit der Sorge um die Funktionsfähigkeit seines eigenen Institutionensystems befasst, letztlich also tatsächlich mit sich selbst beschäftigt. Nicht mehr die Vermeidung von Armut und damit die Verbesserung der Lebenslage bestimmter Personen und Haushalte, sondern die Implikationen politischer Programme zur Armutsvermeidung für das Tariflohngefüge, für die Beitragssituation der Sozialversicherungen, für die Geschäftstätigkeit öffentlicher und privater Bildungsträger usw. stehen im Zentrum der sozialpolitischen Agenda hochentwickelter Sozialstaaten; weniger die klassische Lösung »sozialer Probleme« als vielmehr die Kontrolle des politischen Problemlösungssystems, »Sozialpolitik zweiter Ordnung« (Kaufmann 1998) also.

Der Sozialstaat ist demnach Arena gesellschaftlicher Interessenpolitik, sozialadministrativer Eigeninteressen, sozialpolitischer Rückkopplungseffekte und systempolitischer Selbststeuerung zugleich. All diese Strukturiertheitsdimensionen seines Handelns zusammengenommen, kann er unter dem Strich als allenfalls *relativ* autonome Steuerungsinstanz moderner Gesellschaften gelten (Offe 2006): als stets neu sich konstituierendes Konfliktfeld des (seinerseits wiederum keineswegs »freien«, sondern grundsätzlich politisch wie ökonomisch vor-strukturierten) Spiels der gesellschaftlichen Kräfte. In diesem Spiel kommt ihm gesellschaftsanalytisch gesehen die Rolle des Mittlers zwischen den einander in unterschiedlichsten, in der Regel asymmetrischen Abhängigkeitsbeziehungen verbundenen sozialen Akteuren zu, des Vermittlers zwischen deren um staatliche Aufmerksamkeit konkurrierenden, politisch einander prinzipiell widerstreitenden, tendenziell gar widersprechenden Positionen. In der sozialstaatlich verfassten Gesellschaft streben die Eigentümer des Produktivvermögens nach möglichst günstigen Verwertungsbedingungen ihres Kapitals, kämpfen die Arbeitnehmer/innen um eine angemessene Entlohnung und um Schutz vor Überausbeutung ihrer Arbeitskraft, klagen Arbeitssuchende die Schaffung von Arbeitsplätzen ein, reklamieren Beschäftigte einen möglichst frühzeitigen und materiell gesicherten Ausstieg aus der Erwerbsarbeit, streiten bildungsbürgerliche und aufstiegsorientierte Sozialmilieus für die Aufrechterhaltung eines sozial selektiven Schulsystems, fordern Hartz-IV-Empfänger/innen einen Verzicht auf Verhaltenskontrollen durch die Arbeitsagenturen und die Mittelschichten umgekehrt eine striktere Sanktionspraxis, verlangen Wohlfahrtsverbände den Schutz ihres Tätigkeitsfelds vor den Aktivitäten privater Unternehmen, die ihrerseits auf dessen Liberalisierung in Form der Öffnung von Wohlfahrtsmärkten drängen – und all diese materiellen wie ideellen Interessenbekundungen richten sich immer nur an ein und dieselbe Adresse: den Sozialstaat. Im Grunde genommen kann dieser gar nicht anders, als durch Problembearbeitung an der einen Stelle zugleich an der Problemerzeugung andernorts mitzuwirken (Lessenich 1996; Hockerts 2011). So unverzichtbar er als gesellschaftlicher Krisenmanager auch ist – als Retter von Banken, Unternehmen und Arbeitsplätzen, als Organisator von öffentlichen Ausbildungs-, Gesundheits- und Beschäftigungssystemen, als letzte Sicherungsinstanz von Arbeitslosen, Erwerbsunfähigen oder Alleinerziehenden –, so unvermeidlich facht er mit eben diesem makro- wie mikrosozialen Krisenmanagement immer auch neue Krisenherde an, tatsächliche ebenso wie gefühlte: seine mit Steuermilliarden finanzierten Rettungsaktionen drohen (so heißt es jedenfalls) die Leistungsbereitschaft der Steuerzahler/innen übermäßig zu beanspruchen, die Produktion öffentlicher Güter behindert (so wird jedenfalls behauptet) in unangemessener Weise privatwirtschaftliche Aktivitäten, die staatliche Alimentierung von für bedürftig erklärten Personen und Haushalten schwächt (so jedenfalls die warnenden Stimmen) deren Willen zur Aufnahme einer Erwerbstätigkeit und zur eigenständigen Sicherung ihrer Existenz.

Als Problemlöser *und* Problemgenerator in Personalunion bzw. ein und derselben Institution, oder genauer: als politische Projektionsfläche für gesellschaftliche Problemdiagnosen und Problemlösungen aller Art, ist der Sozialstaat der institutionelle Kristallisationspunkt der allfälligen Krisen demokratisch-kapitalistischer Gesellschaften. Finanz- und Organisations-, Steuerungs- und Legitimationskrisen sind gleichsam das unvermeidbare Schicksal des Sozialstaats und das tägliche Brot seines gesellschaftlichen Daseins. All diese sozialstaatlichen Krisen – die regelmäßig aufgedeckten Haushaltsdefizite der Sozialversicherungen und Ineffizienzen der Sozialverwaltungsbehörden, die unaufhörlich wiederkehrenden Berichte über wirkungslose Sozialprogramme und der sozialpolitischen Praxis überdrüssige Bürger/innen – sind letztlich immer nur Anlässe und Triebkräfte neuerlicher Konjunkturen des Sozialstaats, zyklisch erneut sich drehende Antriebswellen seines »Umbaus«, der »Reform« seiner Einrichtungen und Leistungssysteme. Nicht, dass der Sozialstaat dabei nur Getriebener wäre und nicht auch seine eigene Agenda (»2010« oder welchen Namens auch immer) verfolgen würde; nicht, dass er in diesem ewig krisenhaften Prozessieren seiner selbst bloß neutrale Instanz der Wahrnehmung und Abfederung gesellschaftlicher Erschütterungen wäre und nicht auf bestimmte Eruptionen sozialer Interessenbekundung ausgesprochen sensibel, auf andere hingegen weniger empfindlich reagieren würde (Offe 1972). So oder so aber nimmt die Etablierung und Expansion des Sozialstaats auf diese Weise in der historischen Rückschau die Prozessgestalt einer beständigen Abfolge krisenvermittelter Rearrangements seiner gesellschaftsgestalterischen Institutionenordnung an.

Mit Fug und Recht lässt sich behaupten, dass der sozialstaatliche Vergesellschaftungsmodus gerade *über* seine Krisen und *durch* sie hindurch – in seiner permanenten Krisenhaftigkeit – zu einer unwiderruflichen, unhintergehbaren Tatsache der gesellschaftlichen Moderne geworden ist. Das von Hans Achinger so genannte, von den altliberalen Propagandisten einer möglichst staatsfreien Sozialordnung gern geübte »Spiel mit dem Wegdenken« (Achinger 1971: 138) des Sozialstaats ist schlichtweg nicht mehr möglich – und stattdessen einem anderen Spiel gewichen, nämlich dem um die politische Bewirtschaftung einer sozialen Tatsache: jenes Sozialstaats, der »nicht mehr ein dem gesellschaftlichen Zustand hinzugefügtes *remediens* darstellt, sondern ein *constituens* des Alltags aller und des Begreifens der Gesellschaft selbst« (ebd.; Hervorhebung im Original). Als solch konstituierender, ja konstitutiver Faktor der Gegenwartsgesellschaft, ihrer Struktur und ihrer Dynamik, ist der Sozialstaat ein würdiger Gegenstand sozialwissenschaftlicher, insbesondere soziologischer Erkenntnis und Theoriebildung. Ihrer synthetisierenden Zusammenschau sind die folgenden Ausführungen gewidmet.

Sie setzen ein mit einem systematischen Überblick über das, worum es dem – oder besser: im – Sozialstaat geht, was also die programmatischen Motive und strukturellen Effekte seiner gesellschaftlichen Intervention sind (Kapitel 2). Es schließen sich (dem Anliegen des Bandes entsprechend recht schematisch angelegte) Betrachtungen zu der Frage an, wer – oder besser: was – den Sozialstaat in seiner historischen Bewegung antreibt und in Betrieb hält (Kapitel 3). Darauf folgen (ebenso »willkürlich« geordnete) Überlegungen zu dem Charakter – oder vielleicht besser, weil weniger moralisch aufgeladen: der Logik – gegenwärtiger sozialstaatlicher Entwicklungen (Kapitel 4). Mit den abschließenden Bemerkungen zu diesem Band soll sodann, dem Wissenschaftsverständnis des Autors folgend, die der soziologischen Analyse angemessene und im Zuge der Darstellung einschlägiger Theoriebildung einzunehmende Position »jenseits von Gut und Böse« überschritten und erweitert werden um eine kritische Reflexion der im vorherigen Kapitel dargelegten Prozesslogik aktueller Sozial(staats)-»Reformen«. Dahinter steht die Idee einer Kritik ihrer leitenden Ideen, der es nicht etwa darum geht, aus einer vermeintlich privilegierten Beobachterposition die alltägliche Gesellschaftskritik der Leute (Vobruba 2009) ersetzen oder präformieren zu wollen, sondern vielmehr darum, die *Sozialität* des hier interessierenden Phänomens – den Sozialstaat als Sache und Tatsache des gesellschaftlichen Lebens – in jedem Sinne ernst zu nehmen. Denn, um mit Max Weber selbst gegen eine falsch verstandene »Wertfreiheit« der Sozial-Wissenschaften anzugehen, »hinter der ›Handlung‹ steht: der Mensch« (Weber 1917: 530) – für ihn und sie aber »kann die Steigerung der subjektiven Rationalität und *objektiv-technischen* ›Richtigkeit‹ des Handelns *als solche* über eine gewisse Schwelle hinaus – ja, von gewissen Anschauungen aus: ganz generell – als eine Gefährdung wichtiger (z.B. ethisch oder religiös wichtiger) Güter gelten« (ebd.; Hervorhebungen im Original). Wenn also gesellschaftlicher »Fortschritt« im Begriff steht, individuell wie kollektiv für wichtig erachtete Güter zu gefährden, dann ist die Soziologie nicht nur als Instanz der *Analyse*, sondern auch der *Kritik* gesellschaftlicher Verhältnisse gefragt. Es scheint, dass dazu immer wieder aller Anlass besteht – und so auch heute.

# 2. Worum geht es im Sozialstaat?

## 2.1 Jenseits von Gut und Böse – der Sozialstaat

Der Sozialstaat ist aus dem öffentlichen und privaten Leben demokratisch-kapitalistischer Gesellschaften nicht mehr wegzudenken. Geschöpf einer vergangenen gesellschaftlichen Zeit und ihrer »sozialen Probleme«, ist er im Verlauf seiner mittlerweile mehr als hundertjährigen Geschichte zu einem Wesensmerkmal moderner Vergesellschaftung geworden und kann, gemeinsam mit Kapitalismus und Demokratie, als eine ihrer charakteristischen Makrostrukturbildungen gelten. Seine Existenz und Entwicklungsdynamik – seine Entstehung im späten 19. Jahrhundert, sein Durchbruch nach dem Zweiten Weltkrieg, seine nachfolgende Expansion, schließlich sein die jüngere Geschichte kennzeichnender Umbau – haben einen permanenten, teils gewollten, teils ungewollten Gestaltwandel der Gesellschaften der »westlichen« (europäischen, nordamerikanischen und ozeanischen) Welt bewirkt. Der Sozialstaat ist zum Garanten individueller Existenzsicherung und kollektiver Handlungsfähigkeit, sozialer Teilhabe und gesellschaftlichen Zusammenhalts, der Angleichung von Lebenslagen und der Stabilität von Lebensläufen geworden.

Die Rede vom »Sozialstaat« ist allerdings, was den Begriff angeht, durchaus umstritten. Sie hat sich insbesondere im deutschen Sprachraum eingebürgert und findet ihre rechtliche Kodifizierung in den Artikeln 20 (Absatz 1) und 28 (Absatz 1) des Grundgesetzes der Bundesrepublik, der sogenannten (historisch ebenfalls umkämpften) »Sozialstaatsklausel«. International hingegen ist eher der Terminus »welfare state« gebräuchlich, und auch die deutschsprachige sozialwissenschaftliche Literatur operiert (anders als die sozialrechtliche) mittlerweile für gewöhnlich, zumal wenn sie nicht nur auf den deutschen Fall bezogen ist, mit dem (aus dem Englischen rückübersetzten) Begriff des »Wohlfahrtsstaats«. Dabei ist die doppelte Terminologie keineswegs als rein akademisches Sprachspiel abzutun. Tatsächlich lässt sich durchaus begründet argumentieren, dass mit dem engeren Konzept des *Sozialstaats* dessen institutionelle Architektur und das gleichsam »technische« Instrumentarium sozialpolitischer Gesetze, Einrichtungen und Programme – vom Jugendhilfegesetz über die Arbeitsagenturen bis zur Alterssicherung – bezeichnet werden, wohingegen mit der Rede vom *Wohlfahrtsstaat* darüber hinausgehend die gesellschaftliche Bedeutung und die gesellschaftspolitischen Effekte staatlichen Handelns in »sozialer« Absicht angesprochen sind. Ganz im Sinne des in diesem Buch vertretenen Ansatzes steht die historische Entität des »Wohlfahrtsstaats« für einen spezifischen Modus »politisch veranstalteter Vergesellschaftung« (Kaufmann 1989: 94), bei deren sozialwissenschaftlicher Erforschung etwa die Rentenformel nicht bzw. allenfalls an der Oberfläche als administrativer Berechnungsmodus der jeweiligen Höhe individueller Alterssicherungsansprüche interessiert, sondern vorrangig – und hintergründiger – als politisches Instrument der Produktion einer sozialen Statushierarchie und der Konstitution gesellschaftlicher Generationenbeziehungen.

Wenn im Folgenden – dies sei als eine *erste* Vorbemerkung vorausgeschickt – dennoch dem Begriff des »Sozialstaats« der Vorzug gegeben wird, so geschieht dies aus dem (nicht verkaufs-, aber doch und bewusst publikumsstrategischen) Grund, dass dieser im hiesigen öffentlichen Sprachgebrauch und zumal in den allfälligen sozialpolitischen Reformdebatten fest verankert ist. Eine auf die gesellschaftliche Rezeption und Diskussion wissenschaftlicher Analysen und Diagnosen bedachte Soziologie sollte (wie jede andere Sozial-Wissenschaft auch) diesen sprachpolitischen Gegeben- und Gepflogenheiten Rechnung tragen – ohne dabei jedoch ihren analytischen Ansprüchen und diagnostischen Absichten untreu zu werden. Daher wird die terminologische Option für den »Sozialstaat« in diesem Band verknüpft mit der soziologischen Sinngebung, darunter »die Verantwortung des Staates für die elementare Wohlfahrt der Gesamtbevölkerung – also das Programm der *Wohlfahrtsstaatlichkeit*« (Kaufmann 2003a: 26; Hervorhebung im Original) mit all seinen bzw. ihren gesellschaftspolitischen Implikationen – zu verstehen.

An dieser Stelle scheint dann allerdings eine weitere, *zweite* Vorbemerkung angebracht. Von zentraler Bedeutung für eine sozialwissenschaftliche – und zumal soziologische – Betrachtungsweise ist nämlich der Verweis auf den Umstand, dass die als »Sozialstaat« bezeichnete wohlfahrtsstaatliche Programmatik politischer Gesellschaftsgestaltung durch eine strukturelle Ambivalenz charakterisiert ist. Strukturell mehrdeutig ist sozialstaatliches Handeln (mindestens) insofern, als ihm nicht nur im Ergebnis, sondern auch schon von der Intention her keineswegs immer und ohne Weiteres das unterstellt werden kann, was ihm für gewöhnlich und immer wieder – auch von der Sozialpolitikwissenschaft selbst – unterstellt wird: der Wille zum Guten, ein tiefsitzender gesellschaftspolitischer »Verbesserungs«-Impuls (Kaufmann 1982: 86 ff.). Der Sozialstaat, so die gängige Überzeugung, tut Gutes (oder meint zumindest dies zu tun) – und seine Funktionseliten wie auch sein gesellschaftliches Publikum reden darüber: über die Stärkung der Rechtsstellung sozial schwacher Personen, die Vermehrung der ökonomischen Ressourcen von Personen mit ungenügendem Markteinkommen, die Erhöhung der individuellen Nutzungschancen lebenslagenrelevanter Infrastrukturen, die Förderung der Handlungskompetenzen von Personen mit geringem kulturellem oder sozialem Kapital und so weiter und so fort. Um nicht missverstanden zu werden: Der Sozialstaat *kann* all dies tun. Zugleich tut er allerdings, mal durchaus ungewollt, nicht selten aber willentlich, immer auch das Gegenteil davon. Es gehört zu der komplexen Realität des modernen Sozialstaats, dass er eben in aller Regel nicht nur das eine *oder* das andere, sondern eben »irgendwie« – und dieses »irgendwie« gilt es aufzuklären – *beides* tut: er ermöglicht *und* begrenzt, befähigt *und* bevormundet, sorgt *und* vernachlässigt gleichermaßen. Der Sozialstaat eröffnet Freiheiten – und schränkt Optionen ein; er schafft mehr Gleichheit – und neue Ungleichheiten; er produziert mehr Sicherheit und, eben dadurch, immer neue Unsicherheiten. Er verwandelt unüberschaubare Gefährdungen in kalkulierbare Risiken – und diese im Zweifel auch wieder zurück in Gefahren. Der Sozialstaat tut, entgegen einem hartnäckigen Vorurteil auch der üblichen soziologischen Beschäftigung mit dem Gegenstand, eben nicht nur »Gutes« – und dies festzustellen heißt keineswegs, sich umgekehrt einer ebenso wohlbekannten wie wohlfeilen Kritik am »bösen« (wahlweise »zu teuren«, die Wachstumskräfte »lähmenden« oder die Bürger/innen »entmündigenden«) Sozialstaat anzuschließen. Es heißt schlicht, die (sozialen) Tatsachen anzuerkennen: Der Sozialstaat ist nicht *allein* eine öffentlich-säkularisierte Variante der christlichen Caritas, ein Ort und Hort der Hilfe, Solidarität und Wohltätigkeit, sondern eben immer *auch* eine Instanz politischer Herrschaft in hochdifferenzierten Gesellschaften, ein Instrument sozialer Steuerung, Kontrolle und Disziplinierung.

Als solch zwiespältiges Wesen vorgestellt, lässt sich das, was der moderne Sozialstaat macht und was ihn ausmacht, nicht nur besser, sondern überhaupt erst *richtig* – zutreffend und umfassend – verstehen. Im Weiteren werden nun auf dieser Grundlage spezifischere soziologische »Wesensbestimmungen« des Sozialstaats, jenseits von normativen Kategorisierungen des »Guten« und »Bösen«, präsentiert, die je für sich eine Antwort auf die Frage nach der gesellschaftlichen Bedeutung des sozialstaatlichen Institutionenensembles geben. Den Sozialstaat als ein Strukturprinzip wahlweise gesellschaftlicher Modernisierung, Normalisierung, Umverteilung, Sicherung, Integration, Relationierung oder Stabilisierung zu beschreiben mag angesichts der Bandbreite seiner gesellschaftspolitischen Implikationen und der Fülle einschlägig relevanter Literatur den Ruf nach weiteren entsprechenden Prozesskategorien herausfordern – und sicherlich ist die hier zusammengestellte Liste nicht abschließend. Gleichwohl vermag die gewählte Unterscheidung die beeindruckende Vielfalt des vor unseren Augen sich vollziehenden sozialstaatlichen Gesellschaftsgestaltungsgeschehens abzubilden. Und sie ist, in der Abfolge und abschließenden Zusammenschau der einzelnen Prozessbegriffe, als ein Vorschlag zur Synthese zu lesen, die den in diesem Buch favorisierten, wissenssoziologischen Ansatz der Sozialstaatstheorie zu verdeutlichen und hoffentlich auch zu plausibilisieren vermag.

## 2.2 Modernisierung

Dass moderne Gesellschaften sich durch die Ausdifferenzierung unterschiedlicher Lebensbereiche – »Wirtschaft« und »Politik«, »Religion« und »Recht« – auszeichnen, die über ihre je eigenen, spezifischen Funktionslogiken, Kommunikationscodes bzw. Rationalitätskriterien integriert werden, gehört zu einem der eher weniger umstrittenen Theoreme der Soziologie (Schimank 2007).

Funktionale Differenzierung als Prinzip gesellschaftlicher Organisation fällt jedoch nicht vom Himmel – sie ist logisch wie historisch voraussetzungsvoll, und der Sozialstaat lässt sich (wie im Folgenden gezeigt werden soll: *unter anderem*) als funktionale Voraussetzung von funktionaler Differenzierung beschreiben (Vobruba 1991). Dass staatliche Sozialpolitik funktionale Differenzierungsprozesse ermöglicht und flankiert, der Sozialstaat folglich nicht nur *Wirkung und Ergebnis* gesellschaftlicher Modernisierungsprozesse, sondern auch – und »zuerst« – deren *Ursache und Bedingung* ist, wird am Beispiel der Konstitution der modernen, kapitalistischen Ökonomie besonders sinnfällig (Huf 1998). Denn erst die Existenz eines ausdifferenzierten Systems öffentlicher sozialer Sicherungen lässt ein seinerseits ausdifferenziertes System der Produktion und Distribution wirtschaftlicher Güter, das in seiner Funktionsweise von allen nicht- bzw. außerökonomischen Erwägungen absieht, gesellschaftlich praktikabel werden. Nur weil es in Gestalt des Sozialstaats eine Instanz gibt, die – jedenfalls im Prinzip – »jenseits« der kapitalistischen Ökonomie operiert, kann diese sich bzw. die »ökonomisch« handelnden Akteure – jedenfalls im Prinzip – von anderen Handlungsabsichten, -ansprüchen und -zielen als jenen von Gewinn, Profitabilität und Produktivität befreien. Weil Alte von der Rentenversicherung und Kranke im Gesundheitswesen, Arme vom Sozialamt und Arbeitslose von der Arbeitsagentur versorgt werden, können die Wirtschaftsunternehmen auch tatsächlich »wirtschaftlich« operieren, kann »die Wirtschaft« ihrem Geschäft nachgehen, kann der kapitalistische Akkumulationsprozess (relativ) konfliktfrei funktionieren und sich (über zyklische Krisen vermittelt) immer wieder auf höherer Stufe reproduzieren: so lautet – differenzierungstheoretisch beobachtet – die Logik der sozialstaatlichen Garantie einer modernen, kapitalistischen Ökonomie. Dass ein sozialstaatliches »Jenseits« der Ökonomie in der

Praxis nicht existiert, es tatsächlich vielmehr ständige Interferenzen von kapitalistischer Ökonomie und sozialstaatlicher Politik gibt und der Sozialstaat in Erfüllung seiner »außerökonomischen« Funktionen selbst zum gesellschaftlichen Konfliktfeld wird, steht politisch-soziologisch auf einem anderen Blatt (vgl. Offe 2006), das hier erst später aufgeschlagen werden soll. Die historisch-vergleichende Makrosoziologie (Kalberg 2001) ist sich jedenfalls weitgehend einig in dem Urteil, dass es eben die funktionale Ent-Differenzierung und in diesem Sinne ihre »Un-Modernität« war – die Tatsache, dass die zu »kleinen Sozialstaaten« umfunktionierten Betriebe eben nicht einseitig der ökonomischen Logik der Rentabilität folgen konnten, sondern vielmehr dem ökonomiefremden Eigensinn politisch-legitimatorischer Rationalitäten Rechnung tragen mussten –, welche den ehedem staatssozialistischen Regimen gesellschaftshistorisch zum Verhängnis wurde, weil sie deren wirtschaftliche Konkurrenzfähigkeit gegenüber den kapitalistischen Ökonomien strukturell einschränken musste.

Rund um dieses politisch-ökonomische Arrangement eines sozialstaatlich gleichermaßen entlasteten und entbundenen wie eingebetteten und eingehegten Kapitalismus konnten sich die »Basisinstitutionen« der gesellschaftlichen Moderne (Zapf 1991) herausbilden und – erneut mit sozialpolitischer Unterstützung – im Verlaufe des 20. Jahrhunderts als nationalspezifische institutionelle Konfigurationen gesellschaftlicher Reproduktion stabilisieren (vgl. für den deutschen Fall Lessenich 2003a: 103 ff.): das System der *Lohnarbeit* als durch arbeits- und sozialrechtliche Vorkehrungen gesellschaftlich akzeptabel gewordene materielle Abhängigkeit der Individuen und Haushalte von formal-hierarchischen, den Marktmechanismen unterworfenen Beschäftigungsverhältnissen (Castel 2000); der institutionalisierte *Lebenslauf* als ein sozialpolitisch reguliertes, erwerbszentriertes, individual- und kollektivbiografische Erwartbarkeiten produzierendes Ablaufprogramm von Ausbildung, Berufstätigkeit und Ruhestand (Kohli 1985); das *Geschlechterverhältnis* als ein ebenso sozialstaatlich strukturiertes und von der Erwerbslogik durchdrungenes Arrangement geschlechtsspezifischer Arbeitsteilung und innerfamiliärer Abhängigkeiten (Lewis 2006). Dieser sozialstaatlich moderierte und koordinierte Institutionenkomplex von Lohnarbeitssystem, Lebenslaufregime und Geschlechterarrangement wiederum hat maßgeblich dazu beigetragen, den modernen Prozess der *Individualisierung* voranzutreiben und – insbesondere im Zuge der sozialen Entwicklungsdynamiken nach dem Zweiten Weltkrieg – individualisierte Handlungsorientierungen gesellschaftsweit zu verbreiten. Es war (und ist) das funktionale Zusammenspiel verallgemeinerter Arbeitsmarktabhängigkeit und wohlfahrtsstaatlicher Sicherungsgarantien, das den Individuen historisch neuartige Möglichkeiten sozialer und familialer, beruflicher und räumlicher Mobilität eröffnete (Leisering 1997) und bis in die Gegenwart eröffnet. Staatliche Sozialpolitik gewährleistet individuelle Handlungsspielräume und bildet die Basis für »Autonomiegewinne der Leute« (Vobruba 2003) – für persönliche Lebensgestaltungsoptionen in der und jenseits (bzw. im vermeintlichen »Jenseits«) der Marktökonomie: vom Zugang zu höherer Bildung bis zur Inanspruchnahme des Vorruhestands, von der geförderten Realisierung des Traums vom Eigenheim bis zur materiellen Ermöglichung der Option aufs Alleinerziehen. Der Sozialstaat ist somit die maßgebliche institutionelle Antriebskraft für das die individualisierte Moderne charakterisierende gesellschaftliche »Kollektivschicksal der Vereinzelung« (Beck 1983: 57) – *einerseits.*

## 2.3 Normalisierung

*Andererseits* – und mit gleichem Recht – lässt sich behaupten, dass der Sozialstaat eine Quelle der Normierung und Standardisierung sozialer Beziehungen und gesellschaftlicher Verhältnisse darstellt. Ulrich Becks wohlbekanntes, nicht selten aber nur unvollständig rezipiertes Individualisierungstheorem birgt genau diese ambivalente Pointe: Mit der tendenziell gesellschaftsweiten Verbreitung des Zugangs zu Bildungseinrichtungen, Arbeitsmärkten und sozialen Sicherungssystemen entwickeln sich für tendenziell alle Individuen und Bevölkerungsgruppen nicht nur neue Freiheiten und Möglichkeitsräume, sondern eben auch – in ein und demselben Prozess – neuartige Zwänge und Bindungswirkungen. Wer seine individuellen Lebenschancen nicht mehr (oder jedenfalls doch spürbar weniger als in früheren gesellschaftshistorischen Zeiten) durch Herkunftsmilieu und Elternhaus, sondern zunehmend durch Schule und Hochschule, Betrieb und Beruf, Arbeitsverwaltung und Sozialversicherung bestimmt sieht, muss sich in seiner alltäglichen Lebensführung mehr oder weniger zwangsläufig den Normen, Richtlinien und Regularien dieser Institutionen fügen. Die Schulpflicht beginnt mit sechs und endet nicht vor dem sechzehnten Lebensjahr, und für den Abschluss ebenso wie für die Weiterführung des Bildungswegs ist festgelegten Leistungskriterien Genüge zu tun. Für den Erfolg im Arbeitsleben zählen wesentlich Qualifikationen, die tunlichst formalisiert und zertifiziert sein sollten – in Gestalt von anerkannten Abschlüssen, Zeugnissen und Titeln. Öffentliche Sozialprogramme, von der Altersrente über die Lohnfortzahlung im Krankheitsfall bis zum Wohngeld, sind, nicht anders als die Produkte privater Versicherungsunternehmen, hochgradig verrechtlichte und bürokratisierte Leistungsangebote, für deren Beantragung und Inanspruchnahme genauestens fixierte Zugangsvoraussetzungen zu erfüllen und zu belegen sind: Beitragszeiten und Gesundheitsprüfungen, Einkommenshöhen und Altersgrenzen, Wohnsitzerfordernisse und Betriebszugehörigkeiten.

Die Bürger und Bürgerinnen sozialstaatlich verfasster Marktökonomien sind auf diese Weise in ein engmaschiges Korsett institutioneller Erwartungen, Anforderungen und Nachweispflichten eingebunden. Ihre Autonomiegewinne erwerben sie auf Kosten neuer Abhängigkeiten – nicht mehr (oder tendenziell weniger) von Haushalt und Familie, dafür aber (umso mehr) von Markt und Staat. In ihren Lebensvollzügen werden sie, durch unabweisbare materielle Zwänge ebenso wie durch unhinterfragte habituelle Prägungen, auf die Erfüllung des marktwirtschaftlich-sozialstaatlichen Vergesellschaftungsprogramms orientiert. Aus der überindividuellen Perspektive betrachtet ergeben sich damit veränderte – »moderne« – gesellschaftliche Normalitäten, im Doppelsinne verstanden als etablierte soziale *Regeln* und *Regelmäßigkeiten* individuellen Arbeitens und Lebens: In den westlichen Industriegesellschaften der (insbesondere zweiten) Nachkriegszeit »normalisiert« sich, durch sozialpolitische Regulierung und ein an dieser orientiertes soziales Handeln, ein raum-zeitlich spezifisches Regime gesellschaftlicher Produktion und Reproduktion. In diesem von der Literatur häufig als »fordistisch« (Saldern & Hachtmann 2009) bezeichneten gesellschaftlichen Arrangement strukturiert das *Normalarbeitsverhältnis* – als auf Dauer angelegte, vollzeitige, materiell gesicherte, kollektivvertraglich geschützte, betrieblich organisierte Form der Verausgabung von Arbeitskraft (Mückenberger 1990) – die gesellschaftliche Erwerbsbeteiligung, insbesondere die des männlichen Teils der Bevölkerung im erwerbsfähigen Alter. Die *Normalbiografie* (Kohli 1988) sieht für die Zeiten vor und nach diesem Alter rechtlich überformte und materiell gesicherte Phasen institutionalisierter Nichterwerbstätigkeit vor und unterwirft die zeitliche Lagerung und chronologische Abfolge individualbiografisch zentraler Lebensereignisse – den durch Haushaltsausgründung, Eheschließung, Familiengründung, Kinderaufzucht und »empty nest« (sprich Haushaltsausgründung der Kindergeneration) geprägten Lebenszyklus des Erwachsenenalters – mehr oder weniger informellen Strukturen sozialer Normierung. Die *Normalfamilie* (Herlth et al. 1994) schließlich, der durch geschlechtsspezifische Arbeitsteilung nach dem männlichen Erwerbstätigen- und Ernährer- bzw. weiblichen Hausfrauen- und Zuverdienerinnenmodell produktions- wie reproduktionstechnisch ausdifferenzierte Zweigenerationenhaushalt, stellt das soziale Verbindungsglied und funktionale Scharnier zwischen Erwerbssystem und Lebenswelt dar.

Der Sozialstaat des »goldenen« Nachkriegszeitalters spielte für die Durchsetzung, Stabilisierung und Reproduktion dieses gesellschaftlichen Arrangements eine entscheidende Rolle. Er hat die lohnarbeitsgesellschaftliche Lebensweise für seine Bürgerinnen und Bürger möglich gemacht und »normal« werden lassen. Während systemtheoretische Analysen in diesem Kontext die Selbstverstetigung (und in diesem Sinne »Selbstnormalisierung«) eines sozialstaatlichen Institutionensystems behaupten, das mit jeder sozialpolitischen Intervention systematisch immer neue gesellschaftliche Erwartungen, Forderungen und Ansprüche weitergehender sozialpolitischer Intervention produziere (Luhmann 1981), sprechen gute – theoretische wie vor allen Dingen empirische – Gründe umgekehrt für einen schleichenden historischen Prozess der sozialstrukturellen und institutionellen »Erschöpfung« des »fordistischen« Sozialstaats (Jessop 1986; Kaufmann 1997). Die durch ihn geschaffene gesellschaftliche Normalität wird – so scheint es – zusehends brüchig, seine überkommenen institutionellen Arrangements werden von den zunehmend »atypischen« Formen gesellschaftlichen Arbeitens und Lebens überholt bzw. unterlaufen. In diesem Prozess sozialen

Wandels gibt der Sozialstaat seine aktive Rolle bei der Vergesellschaftung der Individuen, die er in der langen Geschichte der Lohnarbeitsgesellschaft von Anbeginn an und auf entscheidende Weise gespielt hat (Lenhardt & Offe 1977), keineswegs auf. Doch interpretiert er diese Rolle mittlerweile durchaus neu und präsentiert sich in einer anderen, den gewandelten (und nicht zuletzt durch sein eigenes Dazutun veränderten) gesellschaftlichen Verhältnissen angepassten Gestalt. Doch dazu später mehr.

## 2.4 Umverteilung

Der Verweis auf die umverteilenden Effekte der Sozialpolitik ist gleichsam der Klassiker unter den sozialwissenschaftlichen, aber auch und insbesondere öffentlich-medialen Wirkungszuschreibungen an den modernen Sozialstaat. Während Kritiker/innen – jedenfalls seit dem Ende der jahrzehntelangen Expansion sozialstaatlicher Programme – eine sozialpolitisch vermittelte Umverteilung »von unten nach oben« monieren, ist der (positive) »Generalverdacht« gegenüber dem Sozialstaat seit jeher der umgekehrte: Hier wird den Reichen genommen, um den Armen zu geben. Anders als in der Praxis eines Robin Hood oder anderer selbsternannter Streiter für das Gute erfolgt dieser Akt umverteilender Gerechtigkeit im Sozialstaat allerdings nicht punktuell und zufällig, sondern auf systematische und bürokratische Weise, und die treibenden Kräfte dieser modernen Umverteilungsmaschinerie sind nicht edle Recken und dicke Mönche, sondern – folgt man dem lange Zeit dominanten »sozialdemokratischen Modell« sozialstaatlicher Geschichtsrekonstruktion (Korpi 1983; Shalev 1983) – Arbeiterbewegung und Sozialadministration. Der Sozialstaat in seiner heutigen Gestalt, als institutioneller Garant individueller Teilhaberechte am gesellschaftlich produzierten Reichtum (Marshall 1949), ist demnach Ausdruck des Kampfes der besitzlosen gegen die besitzenden Klassen, des modernen sozialen Konflikts um die Verteilung gesellschaftlicher Lebenschancen (Dahrendorf 1988) bzw. um die tendenzielle Angleichung der durchschnittlichen Lebenschancen am »oberen« und am »unteren« Ende der sozialen Hierarchie.

Die zentrale Dimension des umverteilenden, soziale Ungleichheiten ausgleichenden Sozialstaats sehen neuere theoretische Ansätze in den »dekommodifizierenden« Effekten sozialpolitischen Handelns (Esping-Andersen 1990; vgl. Offe 2006). Der Sozialstaat ist in dieser Sichtweise wesentlich ein Instrument zur politischen Begrenzung von Marktmechanismen, ihrer Wirkungsweise und ihres Geltungsbereichs. Er schafft – mehr oder weniger große – Sphären der Marktunabhängigkeit für die Angehörigen jener übergroßen gesellschaftlichen Mehrheit, die nichts anderes auf Märkten anzubieten haben als ihre Arbeitskraft; er ermöglicht ihnen – in mehr oder weniger großzügiger Art und Weise – ein Leben auch *jenseits* des erfolgreichen Verkaufs ihrer Arbeitskraft auf Arbeitsmärkten. Der institutionelle Kernbestand des modernen Sozialstaats – Unfall-, Kranken-, Arbeitslosen- und Rentenversicherung – lässt sich demnach als Arrangement einer öffentlichen Gewährleistung auch markt*externer* Existenzformen verstehen: Wer seine Erwerbsfähigkeit bzw. -möglichkeit und damit seine lohnarbeitsvermittelten Lebenschancen vorübergehend (etwa durch Krankheit oder Betriebsschließung) oder dauerhaft (durch Langzeitarbeitslosigkeit, Invalidität oder Hochaltrigkeit) einbüßt, hat der sozialstaatlichen Logik zufolge – unter bestimmten Bedingungen und in gewissen Grenzen – Anspruch auf »Lohnersatz«.

Die angesprochenen Bedingungen und Grenzen der »Dekommodifizierung« markieren allerdings schon die Zweideutigkeit einer sozialstaatlichen Welt, die hier auf den ersten Blick – immerhin geht es bei den genannten Lohnersatzleistungen ja im Prinzip um die Gewährung von »arbeitsfreiem« Einkommen – paradiesisch oder zumindest para-paradiesisch anmuten mag. Denn der Haken an der Dekommodifizierungssache ist, dass der (selektiven) Befreiung der Individuen von Marktzwängen logisch und historisch die Erzwingung ihrer Marktteilnahme vorausgeht und vorausgehen muss (Lenhardt & Offe 1977; Knijn & Ostner 2002). Die Funktionslogik sozialstaatlicher Marktbegrenzung lautet schlicht (und zunächst – wir werden darauf zurückkommen – auch sozialmoralisch einleuchtend): Nur wessen Arbeitskraft *kommodifiziert*, also zur marktgängigen Ware gemacht worden ist, dessen Arbeitskraft kann auch wieder *entkommodifiziert*, sprich aus der Warenform entlassen und trotz ihres Nicht-Einsatzes anderweitig entgolten werden; nur wer zuvor Lohnarbeit geleistet hat, kann daraufhin Lohnersatz reklamieren. Damit liegt auf der Hand, dass die auf (»vertikale«) Angleichung von Lebenschancen zielenden Umverteilungsanstrengungen des Sozialstaats zugleich – eine Frage der Dialektik – neue (»horizontale«) Ungleichheiten produzieren (Lessenich 1998): Wer nicht (oder nicht allzu lange oder nur geringfügig) lohnabhängig beschäftigt war oder ist, hat definitionsgemäß auch keinen (oder eben nur einen entsprechend reduzierten) Anspruch auf lohnersetzende Leistungen. Die sozialstaatlichen Sicherungsverbürgungen – das Recht auf öffentliche Gesundheitsversorgung und Wohnraumzuteilung, gesetzliche Rentenanwartschaften und Kindergartenplatzgarantien – lassen sich als politisch hergestelltes Gegengewicht zum über Kapitaleinkommen generierten Privateigentum der besitzenden Klassen verstehen. Wenn und soweit dieses »soziale Eigentum« (Castel 2005: 41) der (ansonsten) Besitzlosen aber seinerseits maßgeblich auf der erfolgreichen Vermarktung individuellen Arbeitsvermögens aufbaut, dann kommen logischerweise all diejenigen gleichfalls Besitzlosen, deren Arbeitsvermögen nicht marktgängig ist oder jedenfalls am Markt nicht nachgefragt wird, entweder überhaupt nicht oder aber nur nachrangig und abgeleitet in den Genuss solch öffentlicher, vermeintlich marktunabhängiger Sicherungsleistungen. Das sozialstaatliche Paradies ist eben eines auf Erden – ein Umverteilungsarrangement auf dem Boden der Lohnarbeitsgesellschaft.

Bei näherer Betrachtung ist dieses nun keineswegs das einzige Verteilungsproblem sozialstaatlicher Umverteilung: Hinzu kommen mindestens (a) die wachsende Undurchsichtigkeit der tatsächlichen Umverteilungsströme im Zuge der Ausdehnung und Ausdifferenzierung des Sozialstaats, der Errichtung immer neuer Leistungsprogramme mit immer undurchschaubareren Verteilungseffekten (das von Kritikern so genannte »Rechte-Tasche-linke-Tasche«-Syndrom); (b) die heute gerne vereinfachend als Problem der »Generationengerechtigkeit« diskutierte Tatsache, dass sozialstaatlich vermittelte Ressourcentransfers nicht nur in ein und derselben Periode fließen (etwa im Fall der laufenden Finanzierung von Kindergärten oder Krankenhäusern aus dem je aktuellen Steuer- und Beitragsaufkommen), sondern auch periodenübergreifend angelegt sind (etwa im Sinne von Investitionen »in die Zukunft«, Stichwort Bildung und »lebenslanges Lernen«, bzw. »in die Vergangenheit«, Stichwort Renten und »Generationenvertrag«); oder (c) die Mittelschichtslastigkeit vieler sozialpolitischer Programme oder jedenfalls ihrer effektiven Inanspruchnahme (von der Ausbildungsförderung bis zur »Riester-Rente« gehen die öffentlichen Ressourcen gelegentlich nicht oder nicht vornehmlich dorthin, wo sie »am meisten« gebraucht würden). Insofern ist der Sozialstaat ein Generator multipler Formen *neuer*, »sekundärer« Ungleichheiten. Aber die strukturell ungleichheitsstiftenden Effekte der Lohnarbeitszentriertheit sozialer Sicherungssysteme sind doch wohl diejenigen, die den erklärten Umverteilungszielen von sozialstaatlichen »politics against markets« (Esping-Andersen 1985) am offensichtlichsten und unmittelbarsten zuwiderlaufen.

## 2.5 Sicherung

Wo nicht der politische Kampf gegen marktbedingte soziale Ungleichheiten als analytisches wie normatives Bestimmungsmoment sozialstaatlichen Handelns die Perspektive seiner sozialwissenschaftlichen Beobachtung vorgibt, da wird der Sozialstaat von der Wert- und Leitidee der »Sicherheit« her gedeutet (Kaufmann 2003b). François Ewald hat die Geschichte der Versicherung als einer im »Vorsorgestaat« (Ewald 1993) kulminierenden Sozialtechnologie und Gesellschaftsphilosophie in beeindruckender Weise nachgezeichnet und damit die theoretische Grundlegung dieser Deutung geliefert. Die Versicherung ist demzufolge ein zunächst technisches Instrument der Umwandlung von Gefahren in Risiken, dem freilich ein ungeahntes transformatives Potenzial innewohnt und das mit seiner Durchsetzung und Verbreitung als multifunktionale soziale Problemlösung längerfristig die Gesellschaft selbst, ihren Umgang mit und ihr Denken über sich, radikal verändert. Der gesellschaftshistorische Durchbruch der Versicherung als sozialer Risikotechnologie erfolgt mit der Ausweitung ihres Gegenstandsbereichs und der Übertragung ihrer Regulierungslogik von der Versicherung von Sachgütern (klassischerweise in der Hochseeschifffahrt) auf die Versicherung von Humankapital, und zwar nicht nur im Sinne einer (»Lebens«- bzw. Sterbe-)Versicherung gegen den Tod des Arbeitnehmers (und die damit einhergehende Einkommensbedürftigkeit seiner Familienmitglieder). Vielmehr steht – weitergehend und biografisch vorgelagert – der Schutz des Arbeitskraftbesitzers gegen das Risiko des vorzeitigen Verlusts seines Arbeitsvermögens, der in der Lohnarbeitsgesellschaft dem »sozialen Tod« des (dann eben nicht mehr erwerbsfähigen) Individuums gleichkommt, im Zentrum der modernen Versicherungsprogrammatik.

Der gesellschaftspolitische Clou der Versicherung liegt dabei darin begründet, dass diese immer nur *kollektiv* erfolgen kann. Individuelle Vorsorge im eigentlichen Sinne ist schlechterdings unmöglich: Risiken – vom Atomunfall bis zur Arbeitslosigkeit – sind definitionsgemäß kollektiv und lassen sich daher auch nur im Kollektiv bearbeiten. Aufgabe des Versicherers, gleich ob einer privaten Haftpflichtversicherung oder der öffentlich-rechtlichen Sozialversicherung, ist mithin die Bildung und Organisation eines Versicherungskollektivs, einer Versichertengemeinschaft, für die und innerhalb deren das jeweilige »Risiko« im Sinne der durchschnittlichen Eintrittswahrscheinlichkeit eines (wie auch immer definierten) Unglücksfalls kalkuliert werden kann. Das Faktum der Kollektivität des Risikos aber bedingt die soziologische Qualität der Versicherungstechnologie: Versicherung ist ein Akt der Vergesellschaftung – »[i]t makes each person a part of the whole« (Ewald 1991: 203). Im Zuge einer nicht länger als »natürlich« erachteten, sondern als »sozial« (an)erkannten Gefährdung von politisch als schützenswert bestimmten Besitztümern – vom Hausrat bis zur Arbeitskraft – werden Individuen zu Risikogruppen zusammengefasst, die sich wechselseitig dazu verpflichten, im Einzelfall entstehende Schäden oder Verluste untereinander auszugleichen und also gemeinsam zu tragen. Von entscheidender Bedeutung für die Funktionsweise des Versicherungsprinzips ist dabei der Verzicht auf jede Form der moralisierenden Verantwortungszuschreibung: Es geht hier nicht (mehr) um Fragen individueller Schuld und persönlicher Sühne, sondern eben um Probleme allgemeiner Risiken und kollektiver Kompensation. Schon bei der Versichertengemeinschaft einer privaten Versicherungsgesellschaft handelt es sich somit um eine kontraktualisierte (vertraglich fixierte), legalisierte (rechtsförmig geregelte) und juridifizierte (gerichtlich einklagbare) Form kollektiver (»solidarischer«) Sicherheitsproduktion, bei der Kategorien wie »Verantwortung« und »Moral« keine Rolle spielen – jedenfalls im Grundsatz und umso weniger, je sozial homogener das Versicherungskollektiv ist (auf diese Problematik wird zurückzukommen sein).

Dies gilt ebenso bzw. umso mehr – und ist von besonderer Bedeutung –, sobald die Versicherung zur *politischen* Technologie, d.h. in staatliche oder halbstaatliche Regie genommen, und die Gesellschaft selbst zur »Versicherungsgesellschaft« (Ewald 1989) wird. Der Sozialstaat ist aus dieser Perspektive Kollektivierung von Sicherheit und Sozialisierung von Verantwortlichkeit im großen Stil. Die moderne Institution der Sozialversicherung ist dann zugleich – soziologisch gesehen – viel mehr als eine bloße technische Lösung gesellschaftlicher Sicherheitsbedarfe. Sie ist vielmehr ein spezifischer Typus sozialer Rationalität, eine Deutung der sozialen Welt, die Individualität und Kollektivität in eine neue – gesellschaftsverändernde – Beziehung zueinander setzt: Das Individuum wird zum Teil des Ganzen, zur sozialstatistisch erfassbaren »average sociological individuality« (Ewald 1991: 203), die im Rahmen gesellschaftlicher Kollektivhaftung operiert und sozial-politisch prozessiert wird. In diesem Sinne kann die Einführung der Sozial-Versicherung als die Geburtsstunde moderner »Gesellschaftspolitik« (»sociopolitics«; vgl. ebd.) gelten – einer Politik mit der (gefährdeten) Bevölkerung und gegenüber dem (zugleich gefährlichen) »Volkskörper«, welche die *Sicherung* und die *Kontrolle* der Gesellschaft in sich vereint (Foucault 1999, 2004).

Wie noch zu thematisieren sein wird, verändert sich im modernen »Sicherheitsstaat« (Rüb 2003) aber nicht nur die Beziehung des Individuums zur Gesellschaft als sozialem Versicherungskollektiv, sondern – in Verbindung damit – auch dessen Beziehung zu sich selbst, indem es sich als rationales Vorsorgesubjekt zu verstehen und verhalten lernt (bzw. lernen muss). Und die sozialstaatlich-versicherungsgesellschaftlichen Sicherungsleistungen erweisen sich zugleich, auf makrosozialer Ebene, als Triebkraft der Entfaltung jenes modernen »Sicherheitsparadoxons« (Kaufmann 1973; Castel 2005) sich im Zeichen ihrer zunehmenden Befriedigung verselbstständigender gesellschaftlicher Sicherheitsbedürfnisse, mit dessen Konsequenzen der Sozialstaat heute zunehmend konfrontiert ist (Dyk & Lessenich 2008).

## 2.6 Integration

Die Sicherungsinstitutionen des modernen Sozialstaats lassen sich soziologisch auch als bedeutsame gesellschaftliche Integrationsmaschinerie verstehen. Die Sozialversicherung macht nicht nur – mit Ewald gesprochen – »each person a part of the whole« (1991: 203), indem sie die allfälligen Gefährdungen der durchschnittlichen Lohnarbeiterexistenz zu *sozialen* Risiken erklärt und den Schutz vor ihnen kollektiviert. Die Sozialversicherung war historisch zudem dazu geeignet, das (nicht zuletzt durch die Sozialisierung der Risiken entstandene) Kollektiv der Lohnarbeitenden als solches in seinen gesellschaftlichen Ansprüchen zu befriedigen und den kapitalistischen Klassenkonflikt nachhaltig zu befrieden. Mit der Einführung der Unfallversicherung beispielsweise – und der damit besiegelten Abkehr von der haftungs- und schuldrechtlichen »Bewältigung« von Arbeitsunfällen – wurde dem Lohnarbeitsverhältnis erhebliches Konfliktpotenzial entzogen: Der Betrieb war von nun an gegen die (in den Hochzeiten der Industrialisierung nicht gerade geringe) Wahrscheinlichkeit einer Verunfallung seiner Beschäftigten versichert, und im Fall des (Un-)Falles trat ein formalisierter Prozess der Problembearbeitung (von der Schadenserhebung bis zur Entschädigungsleistung) in Gang, der den Sicherungsbedürfnissen des Unfallopfers – und aller anderen potenziellen Unfallopfer – ebenso Rechnung trug wie den Interessen der Betriebsführung an einem ungestörten Fortgang des Produktionsprozesses. In ganz ähnlicher Weise können auch die anderen Einrichtungen versicherungsförmigen Risikoschutzes, ob bei Arbeitslosigkeit oder im Krankheitsfall, als eine einzel- wie gesamtwirtschaftlich segensreiche Einrichtung betrachtet werden – und als ein außerordentlich wirksames industriegesellschaftliches Bindemittel. Denn nicht nur »Arbeitgeber« und »Arbeitnehmer« werden durch die Sozialversicherung auf das gemeinsame Interesse an Erhalt und Reproduktion menschlicher Arbeitskraft verwiesen und gleichsam institutionell – nicht zuletzt auch finanzierungs- und verwaltungstechnisch – miteinander verwoben. Zumal im deutschen Fall wurde Reichskanzler Otto von Bismarck als dem politischen Wegbereiter der Sozialversicherung (nicht zu Unrecht und unter anderem) die Intention unterstellt, mit der Errichtung öffentlich-rechtlicher Sicherungssysteme das aufstrebende und aufbegehrende Industrieproletariat maßgeblich auch an »den Staat«, als dem Garanten der fortgesetzten Funktionsfähigkeit und Liquidität dieser Systeme, binden zu wollen (Ritter 1998: 27 ff.). Und einmal errichtet und tatsächlich dauerhaft funktionierend, selbst über diverse politische Systemumbrüche hinweg, haben sich historisch – und nicht nur hierzulande – unterschiedlichste gesellschaftliche Gruppen darum bemüht, Zugang zu den etablierten lohnarbeitsgesellschaftlichen Risikokollektiven zu erhalten und somit Teil einer großen, nationalen Sicherungsbewegung zu werden.

In diesem Sinne stellt der Sozialstaat – mit der Sozialversicherung als sicherungspolitischem Kernbestand – ein Arrangement institutionalisierter, (zunehmend) generalisierter Solidarität dar (Kaufmann 1997: 141 ff.). Der Sozialstaat organisiert einen ebenso stabilen wie dynamischen Zusammenhang verallgemeinerter, tendenziell gesellschaftsweiter Wechselseitigkeit: Er konstituiert – wie in einer (über)großen Familie – einen gegenseitigen Risiko-, Schadens- und Bedarfsausgleich unter den Mitgliedern der (gesellschaftlichen) Gemeinschaft. Er gleicht die individuell unterschiedliche Chance, überhaupt bzw. früher oder später arbeitslos, krank oder pflegebedürftig zu werden, durch die politische Gestaltung von Beitragsverpflichtungen und Leistungsgewährungen aus – oder *kann* dies jedenfalls tun. Er veranlasst die »Glücklichen« (Beschäftigte, Junge, Gesunde) unter den Arbeitskraftbesitzern, materiell für ihre »unglücklichen« (arbeitslosen, alten und kranken – so oder so also erwerbsunfähigen) Mitbürger/innen einzustehen, also für diese zu zahlen – was sie einerseits unter dem gesetzlichen Zwang der Pflichtversicherung, andererseits aber auch in der sicheren (und sozialmoralisch entscheidenden) Erwartung tun, im Falle eines arbeitsgesellschaftlichen Statuswechsels (durch Entlassung, Alterung, Erkrankung) selbst das sozialstaatlich organisierte Glück im Unglück genießen zu können.

Der Sozialstaat sichert aus dieser Perspektive nicht nur – wie am Beispiel der sozialen Einbettung der kapitalistischen Ökonomie gesehen – die Integration der Teil*systeme* einer funktional differenzierten Gesellschaft. Er gewährleistet darüber hinaus die Integration der Teil*gruppen* einer hochkomplexen gesellschaftlichen Sozialstruktur, die nicht allein durch den kapitalistischen Klassengegensatz von »Kapital« und »Arbeit«, sondern eben auch durch eine Vielzahl weiterer, in je spezifischer Weise sozial konstruierter Merkmale (»Arm« und »Reich«, »Alt« und »Jung«, »Mann« und »Frau«) gespalten wird (Lessenich & Nullmeier 2006). Er weist auf dieser Ebene ganz erhebliche, ja erstaunliche sozialintegrative Effekte auf – in Raum und Zeit. So ermöglicht er die (eben anders als im Familienkontext) gesellschaftlich zunächst ganz unwahrscheinliche Risikoteilung unter Unbekannten, (räumlich und sozial) Entfernten, Fremden, die gesellschaftsweite Universalisierung des dem sozialen Nahbereich entlehnten Solidaritätsmottos »einer für alle, alle für einen« (Nell-Breuning 1957). Und er stellt diese Risikoteilung zugleich auf Dauer, verlängert sie über die biografische Eigenzeit der Betroffenen hinaus (Ganßmann 2009: 29 ff.) – der sogenannte »Generationenvertrag« mag hier als bestes und beeindruckendstes Beispiel der sozialstaatlichen Konstruktion von überindividueller, gesellschaftlicher *longue durée* gelten (Manow 1998). Vieles spricht dabei für die Annahme, dass der Sozialstaat seine sozialintegrativen Effekte durch die in die Funktionslogik der Institution der Sozialversicherung eingelagerte Kombination von (Sozial-)Moral und (Eigen-)Interesse erzielt (Offe 1990): Denn eigentlich und in voller Länge lautet die Solidaritätsformel des Sozial(versicherungs)staats »ich für dich und du für mich – und ich für mich selbst«. Erst so nämlich, mit einem ganz persönlichen Zusatznutzen versehen, gilt unter Menschen, die nicht durchweg als Altruisten gelten können, die staatlich erzwungene Kollektivsicherung als legitim. Die »gute alte«, seit einiger Zeit unter extremen institutionellen Rechtfertigungsdruck geratene Rentenversicherung nach dem Umlageverfahren beispielsweise (wo aus den Beitragsleistungen der aktuell erwerbstätigen Jüngeren die Rentenansprüche der nicht mehr erwerbstätigen Älteren beglichen werden) ist eben keine bloße Solidaritätsveranstaltung, sondern im Kern selbstverständlich ein Instrument zur eigenen, je individuellen – aber kollektiv organisierten und von gesellschaftlichen Rahmendaten und Kontextfaktoren abhängigen – Altersvorsorge.

Der Sozialstaat erschöpft sich also keineswegs in seiner Funktion, das »soziale Band« zu knüpfen und »uns an das Gefühl gemeinsamer Solidarität zu erinnern« (Durkheim 1893: 285). Zwar ist der Staat in seiner modernen Gestalt fraglos ein systematisch sozialen Zusammenhalt stiftendes »Organ, von dem wir immer stärker abhängen« (ebd.). Und ebenso eindeutig trägt dieser Staat Züge einer individuelle Ansprüche auf gleichberechtigte, chancengleiche soziale Teilhabe rechtsförmig institutionalisierenden Anerkennungsordnung (Honneth 1992; Lessenich 2007). Aber der Sozialstaat ist eben *auch* – von der Intention und im Ergebnis – ein Instrument der individuellen, eigeninteressierten Vorsorge. Er ist (nicht nur in dieser Hinsicht) der institutionelle Ort und institutionalisierte Hort der Paradoxien moderner, kollektiv-bürokratisch organisierter Individualität (Honneth 2002). Und er ist, als Instanz der Sozialintegration, zugleich auch eine Triebkraft (neuerlicher) gesellschaftlicher Differenzierung: Er teilt die sozialen Teilhaberechte, die Rechte und Pflichten kollektiv-solidarischer Risikohaftung, faktisch in hochgradig selektiver Weise zu, er schafft ein System »stratifizierter Rechte« und fördert die Bildung egoistisch-partikularer Schutzgemeinschaften (Ullrich 2000; Mohr 2005). Er ist damit immer auch ein Instrument (neuer) sozialer Grenzziehungen zwischen einem gesellschaftlichen »Drinnen« und »Draußen«, sozialen Innen- und Außenseitern – oder, in der gegenwärtig präferierten soziologischen Terminologie gesprochen, ein Instrument sozialer Inklusion und Exklusion gleichermaßen (Bude & Willisch 2008; Kronauer 2010).

## 2.7 Relationierung

Was sich damit bereits in verschiedenerlei Hinsicht andeutete, lässt sich an dieser Stelle systematisch wenden: Der Sozialstaat ist nicht nur ein politisches Arrangement zur reaktiven Bearbeitung der Folgeprobleme gesellschaftlicher Modernisierung und industrieller Produktion, nicht nur ein institutioneller Mechanismus der Kompensation von materiellen Notlagen und sozialen Ungleichheiten in modernen, industriekapitalistischen Gesellschaften. Er ist vielmehr eine Instanz der *Konstitution* dieser Gesellschaften als eben solche – moderne, industriekapitalistische –, der *aktiven* politischen Gestaltung ihrer sozialen Modernisierungsprozesse und Ungleichheitsstrukturen, Grenzziehungsdynamiken und Lebensführungsmuster. Der Sozialstaat ist – so ließe sich eine weitere, weitergehende theoretische Perspektive auf das sozialpolitische Geschehen umschreiben – eine gesellschaftsgestaltende Macht, eine institutionelle Ordnung zur Ordnung der Gesellschaft, »an active force in the ordering of social relations« (Esping-Andersen 1990: 23). Der Sozialstaat als politischer Akteur gesellschaftlicher »Relationierung«, gleichsam als *public (and private) relations manager* des Sozialen: Was ist damit genau gemeint?

Die klassische Fundierung einer »relationalen« Perspektive auf die soziale Welt findet sich in Georg Simmels Verständnis der Gesellschaft als Konglomerat von Formen und Mechanismen der Wechselwirkung bzw. der »wechselseitigen Verhaltungsweisen [...] der Menschen untereinander« (Simmel 1894: 58). Für Simmel machen die Formen »der gegenseitigen Relation« (ebd.) von Individuen das spezifisch *Gesellschaftliche* aus, und alle organisationalen und institutionellen Momente von Gesellschaft sind für ihn »nichts anderes als die Verfestigungen – zu dauernden Rahmen und selbständigen Gebilden – von unmittelbaren, zwischen Individuum und Individuum stündlich und lebenslang hin und her gehenden Wechselwirkungen« (Simmel 1917: 38). Es sind diese »Verfestigungen« wechselseitiger Sozialbeziehungen, ihre institutionelle Ordnung und herrschaftliche Formung, die im Mittelpunkt des theoretischen Interesses einer relationalen – in sozialen Beziehungskonstellationen und -dynamiken denkenden (Emirbayer 1997) – politischen Soziologie stehen.

Die *politische Regulierung sozialer Beziehungen* ist aus dieser Perspektive das, worum es im modernen Sozialstaat geht und was seine real existierenden, empirischen Realisationsformen – in je spezifischer Weise – wesentlich kennzeichnet. In der modernen Gesellschaft ist der Sozialstaat eine – wenn nicht die – zentrale Instanz der gesellschaftlichen Relationierung, der »Zueinanderordnung von individuellen, kollektiven und korporativen Akteuren« (Mayntz 2002: 31). Der Sozialstaat prägt, durch seine Programme und Interventionen, die Handlungsverflechtungen und Interaktionsorientierungen dieser Akteure in maßgeblicher Weise. Er weist ihnen Rollen in gesellschaftlichen Feldern und Positionen im sozialen Raum zu und setzt sie, als Rollenträger und Positionsinhaber – vom »besserverdienenden« »Steuerzahler« bis zum »bedürftigen« »Sozialhilfeempfänger«, vom »arbeitsfähigen« »Erwerbslosen« bis zum »wohlverdienten« »Ruheständler« –, in eine institutionell definierte und (im Stabilitätsfall) gesellschaftlich akzeptierte, symbolische wie materielle Beziehung zueinander. Er ist damit die Triebkraft eines Vergesellschaftungsprozesses, der nie stillsteht und niemals stillgestellt werden kann, sondern strukturell dynamisch ist und sich als beständig fortschreitendes Wechselspiel der Institutionalisierung und Deinstitutionalisierung (bzw. der wiederum neuartigen Reinstitutionalisierung) sozialer Beziehungen und Beziehungsmuster darstellt.

Analytisch differenzierter lassen sich drei Ebenen einer institutionalisierten Strukturdynamik gesellschaftlicher Relationierung unterscheiden: Akteure »in Gesellschaft« können durch Institutionen bzw. institutionelles Handeln (a) mit der »sozialen Ordnung« (bzw. der politischen Selbstbeschreibung derselben), (b) mit anderen Akteuren (bzw. deren sozial definierter Rollenzuschreibung) und/oder (c) mit sich selbst (im Sinne eines gesellschaftlich konstruierten Selbst-Verständnisses) in eine bestimmte und bestimmbare Beziehung gesetzt werden. Dies gilt für individuelle, kollektive und korporative Akteure gleichermaßen: der langzeitarbeitslose Schwager und die alleinerziehende Mutter von nebenan, »die« Kinderlosen und »die« Alten, Hochqualifizierte und Ungelernte, »legale« und »illegale« Migrant/innen, Gewerkschaften, Krankenkassen und Verbraucherverbände – sie alle gleichermaßen und eine weitere, praktisch endlose Zahl sozialer Individualitäts-, Kollektivitäts- und Korporativitätskonstruktionen werden durch den Sozialstaat, sein Tun und Unterlassen, (a) in eine je spezifische Beziehung zu gesellschaftlichen Ordnungskonstruktionen (»der Familie« oder »dem Gemeinwohl«), (b) in ein je spezifisches Verhältnis zu anderen individuellen, kollektiven oder/und korporativen Akteuren (den Mitgliedern einer »Bedarfsgemeinschaft«, der Masse der »Steuerzahler«, den Organen der »Rentenversicherung«) oder eben (c) in ein je spezifisches Selbstverhältnis zum eigenen (individuellen, gruppenbezogenen oder organisationssoziologischen) »Ich« gesetzt. All diese Beziehungsmuster sind dabei immer machtbesetzt und -durchwirkt, stellen also immer auch – entsprechend umstrittene und umkämpfte – gesellschaftliche *Machtrelationen* dar.

Der Fantasie (und Realität) politisch herbeigeführter Relationierungen im Sozialstaat – zwischen Individuen, Gruppen, Sozialkategorien, Klassen, Milieus, Ethnien, Geschlechtern und Generationen – sind dabei, wie bereits angedeutet, praktisch keine Grenzen gesetzt: die gesetzliche Pflegegeldleistung veranlasst die geringfügig beschäftigte Ehefrau, ihren pflegebedürftigen Schwiegervater zu Hause zu betreuen; die vollzeiterwerbstätige Mutter nutzt (oder unterläuft) die sozialversicherungsrechtlichen Regelungen zur Beschäftigung einer migrantischen Haushaltshilfe; Steuerzahler/innen subventionieren die Empfänger/innen staatlicher Transferzahlungen; kinderlose Krankenversicherte müssen für die kostenlose Mitversicherung von Kindern, Arbeitnehmer/innen in der Pflegeversicherung für die Beitragsentlastung der

Arbeitgeber/innen aufkommen; das Einkommenssteuerrecht fördert bestimmte Formen familialer »Gesellung« und geschlechtsspezifischer Arbeitsteilung; die Rentenversicherung lenkt die Beiträge der Erwerbstätigen in Leistungen für Pensionäre um; das einkommensabhängige Elterngeld soll hochqualifizierten Paaren die Entscheidung für ein Kind erleichtern; steuerrechtliche Erwägungen lassen alternde Eltern das Eigenheim auf ihre erwachsenen Kinder überschreiben; Langzeitarbeitslose werden zu gering honorierten gemeinnützigen Tätigkeiten herangezogen; Rentenreformen erzwingen eine verlängerte Erwerbstätigkeit und legen Bemühungen zur zusätzlichen eigenständigen Altersvorsorge nahe; Selbstbeteiligungsregeln und Spezialtarife der Krankenkassen versuchen die Versicherten zur Zahnprophylaxe und regelmäßiger körperlicher Aktivität anzuhalten – und so weiter und so fort: die Liste ließe sich von jedem/r Sozialstaatsbürger/in, sei es aus persönlicher Erfahrung, eigener Anschauung oder argwöhnender Spekulation, geradezu beliebig verlängern.

In den genannten Beispielen scheinen all die zuvor aufgelisteten – durchaus ambivalenten – gesellschaftlichen Effekte des Sozialstaats auf: Individualisierung und Autonomiegewinn, Normierung und Standardisierung, Ausgleich und Umverteilung, Sicherung und Kontrolle, Integration und Marginalisierung. Der genuine »soziale Sinn« des Sozialstaats kommt aber erst dann in den Blick, wenn man all diese Prozessdynamiken auf die in ihnen sich herstellenden, temporär sich verfestigenden, immer wieder neu sich konstituierenden Konstellationen politisch-sozialer Relationierung hin liest: Dann erst wird die aus soziologischer Perspektive fundamentale, weil basale Formen der Sozialität befördernde und permanente Prozesse ihres Wandels antreibende Bedeutung sozialpolitischen Handelns offensichtlich. In der politischen Regulierung sozialer Beziehungen konstituiert, schafft, ja »erfindet« der Sozialstaat die moderne »Gesellschaft« als eine komplexe Struktur symbolisch und materiell institutionalisierter Muster wechselseitiger Abhängigkeit und Unterstützung sozialer Akteure. Diese Struktur ist inhärent dynamisch, weil die gesellschaftlichen Beziehungskonstellationen individueller, kollektiver und korporativer Akteure zwar sozialstaatlich geformt, in Form gebracht, aber nicht mumifiziert und stillgestellt werden (und werden können). Zwar gewinnen die sozialpolitischen Institutionen – als Verfestigungen sozialer Wechselwirkungen – durchaus »Eigenbestand und Eigengesetzlichkeit, mit denen sie sich diesen gegenseitig sich bestimmenden Lebendigkeiten auch gegenüber- und entgegenstellen können« (Simmel 1917: 38): das Arbeitsrecht den »Sozialpartnern«, die Pflegeversicherung den familialen und die Rentenversicherung den gesellschaftlichen Generationen, Eherecht und Familienpolitik den Liebenden (bzw. ehedem Verliebten). Aber trotz und jenseits aller sozialpolitischen Fixierungsversuche bleiben die Sozialbeziehungen zwischen Arbeit und Kapital, Eltern und Kindern, Erwerbstätigen und Rentnern, Männern und Frauen dennoch immer lebendig und eigensinnig und wandeln sich beständig – ebenso wie dies auch die Institutionen ihrer politischen Regulierung tun und tun müssen.

## 2.8 Stabilisierung

Der historische Aufstieg des modernen Sozialstaats, der in dessen Institutionen sich materialisierende Prozess der gesellschaftlichen Konstruktion einer politischen Verantwortung der öffentlichen (»sichtbaren«) Hand für die Regulierung des »Sozialen«, steht in unmittelbarem Zusammenhang mit den Gesellschaftskrisen des (späten) 19. Jahrhunderts. Die »Erfindung« des Sozialstaats und die fortschreitende Institutionalisierung seiner Programmatik lassen sich als soziale Reaktion auf die Begleiterscheinungen und Folgeeffekte der Industrialisierung und Vermarktlichung der europäischen Gesellschaften (Polanyi 1944) verstehen – eine Reaktion, die den »sozialen« Staat dauerhaft, bis in die Gegenwart hinein, als Ordnungsinstanz der Gesellschaft etabliert. Der Sozialstaat tritt hier als *abhängige* wie *unabhängige* Variable gesellschaftlicher Entwicklung gleichermaßen zutage: Gesellschaftlich wegen der massiven sozialen Verwerfungen des aufziehenden Industriekapitalismus auf den Plan gerufen, ist es seine politisch-ökonomische Agenda und sind es seine sozial-politischen Aktivitäten, die eine einigermaßen stabile Reproduktion der industriekapitalistischen Gesellschaftsformation überhaupt erst denkbar scheinen und möglich werden lassen.

In der neomarxistisch-politökonomischen Analyse Claus Offes (2006) sind es die widersprüchlichen Funktionsbedingungen dieser Formation, die den Staat – als Sozialstaat – zum Dreh- und Angelpunkt ihrer Prozessdynamik werden lassen (vgl. Lessenich 2009a: 141 ff.). Während dieser sich auf der *einen Seite* für die strukturellen Entwicklungserfordernisse der kapitalistischen Ökonomie öffnet und systematisch (durch die Produktion öffentlicher Infrastruktur, die Regulierung des Wettbewerbs, die Sicherung des Arbeitsangebots usw.) die Bedingungen fortgesetzter Kapitalakkumulation sicherzustellen sucht, kann er sich *andererseits*, im Zuge seiner – mehr oder minder »von unten« erzwungenen – Demokratisierung, den substanziellen Teilhabeforderungen (im Sinne der Gewährleistung sozialer Sicherheit, der Garantie von Mitbestimmungsrechten, der Bereitstellung öffentlicher Beschäftigung usw.) einer zunehmend politisierten und organisierten Gesellschaft nicht effektiv entziehen. Prinzipiell für *beides*, ökonomische Akkumulationsaufgaben *und* politische Legitimationsleistungen, zeichnet der demokratisch-kapitalistische Staat verantwortlich, und erst die (mal mehr, mal weniger explizite) Übernahme beider Funktionen *in* eine Hand und ihre (mal mehr, mal weniger erfolgreiche) Erfüllung *aus* einer Hand macht ihn zum *Sozialstaat.* Als solcher ist er eben, wie eingangs thematisiert, nicht nur (als »good cop«) der Arbeiterwohlfahrt, sondern auch (als »bad cop«) der Kapitalrentabilität verpflichtet – und darüber hinaus, so die Pointe von Offes Analyse, allein (und insbesondere) sich selbst. Denn die widersprüchliche Doppelaufgabe einer politischen Bedienung der kapitalistischen wie der demokratischen Systemlogik übernimmt »der Staat« – sprich: übernehmen die politischen Funktionseliten – letztlich aus einem organisational-materialen Machterwerbs- und -erhaltungsinteresse. Und aus dieser spezifischen Interessenlage heraus entwickelt sich eine genuine *Eigenlogik* staatlich-administrativen Handelns (wie sie sich in den Mandatssicherungsambitionen parteipolitischer Akteure, den Aufgabensicherungsbestrebungen der öffentlichen Verwaltungen oder den Erwerbssicherungsinteressen der Sozialprofessionen manifestiert), deren im Zweifel auch einmal von ökonomischen Erfordernissen und politischen Forderungen unbeeindrucktes Prozessieren dem Sozialstaat im Endeffekt immer wieder die materiellen Mittel, die legitimatorischen Ressourcen und damit jene relative Handlungsautonomie verschafft, die für die langfristige Stabilität seiner Staatstätigkeit unabdingbar ist.

Offes politökonomisch-institutionalistische »Staatsgleichung« (Sozialstaat = [Akkumulation + Legitimation] x Selbstinteresse) bleibt allerdings so lange unvollständig bzw. geht so lange nicht auf, wie nicht das genuin *soziale* Moment der Sozialstaatlichkeit, die gesellschaftliche Idee der politisch zu regulierenden Gesellschaft, das Wissen *um* das und *über* das »Soziale« *selbst* in die Rechnung einbezogen wird: das Wissen um und über seine politische Gestaltbarkeit, seine permanente Schutzbedürftigkeit, seine potenzielle Produktivität (Evers & Nowotny 1987; Donzelot 1984, 1988) – und die strukturelle Krisenhaftigkeit seiner Ordnung. Die politischen Verwerfungen, wirtschaftlichen Dynamiken und kulturellen Verschiebungen im »extremen« 20. Jahrhundert (Hobsbawm 1994) ließen in den fortgeschrittenen demokratisch-kapitalistischen Staaten des »Westens« nach und nach die soziale Überzeugung reifen und politisch fruchtbar werden, dass die Stabilität gesellschaftlicher Verhältnisse ein zwar normativ höchst geschätztes Gut, zugleich aber (diese Wertschätzung mit erklärend) einen höchst voraussetzungsvollen und empirisch äußerst unwahrscheinlichen Aggregatzustand des Sozialen darstellt. Soziologisch spricht alles dafür, die *Instabilität*, die ständige Veränderung, die kontinuierliche Revolutionierung des Sozialen als den »Normalfall« posttraditionaler Vergesellschaftung zu verstehen – und vieles dafür, die gesellschaftliche Moderne als die permanente Suche nach Stabilität und Ordnung (Bauman 1991) zu deuten, oder genauer: als *institutionalisierte*, d.h. durch Institutionenbildung auf Dauer gestellte *Stabilisierungskrise* des Sozialen. In diesem Interpretationsrahmen kann dann der moderne Sozialstaat als ein wesentliches Moment im modernen Prozess gesellschaftlicher Stabilitätsproduktion und Kriseninstitutionalisierung gelten, als die vermutlich zentrale politische Institution der Konstruktion bzw. Rekonstruktion einer stets prekär bleibenden »Ordnung des Sozialen«.

Die »Entdeckung« des Sozialen und seiner Stabilisierungsbedürftigkeit einerseits, »Erfindung« und Aufstieg des Sozialstaats andererseits sind gleichursprüngliche gesellschaftliche Prozesse, gehen gesellschaftshistorisch Hand in Hand. In gewisser Weise »findet« der entstehende Sozialstaat das Soziale, oder anders: die Gesellschaft findet es (und damit sich) in ihm. Karl Polanyi hat diesen Effekt in eindrucksvoller Weise für das vor- und frühindustrielle Britannien beschrieben: »Die Revolution, [...] die schließlich durch die Reform des Armenrechts entfesselt worden war, lenkte den Blick der Menschen nun auf ihr kollektives Sein, als hätten sie dessen Existenz vorher völlig übersehen.« (Polanyi

1944: 122) Der Sozialstaat entsteht aus diesem *kollektiven Sein*, gründet auf dem *gesellschaftlichen Bewusstsein* eines Kollektiv-Seins, und er prägt beides – das Sein wie das Bewusstsein – mit jedem Schritt seiner Expansion. Er spannt das soziale Band, webt das Netz des Sozialen. Als steuernder ebenso wie als sorgender, als alter »Policey«-Staat wie als demokratischer Sozialstaat (Kaufmann 1996) sucht er das soziale Leben der Menschen, ihre soziale Welt, ihre sozialen Beziehungen zu ordnen. Er wird zum Adressaten gesellschaftlicher Erwartungen, Ansprüche und Anrufungen – und dabei selbst zum Ausgangspunkt von ebenso erwartungs- und anspruchsvollen Anrufungen »der Gesellschaft«.

Das »kollektive Sein« – gewissermaßen: die Gesellschaftlichkeit – der Gesellschaft aber ist stets gefährdet, und gerade diese strukturelle Gefährdung des gesellschaftlichen Kollektiv(da)seins wird zum normativen wie funktionalen Bezugspunkt sozialstaatlichen Ordnungshandelns, einer öffentlichen Politik gesellschaftlicher »Daseinsvorsorge« (Forsthoff 1938; Vogel 2007). Die Gesellschaft der Moderne ist »keine feste Bindung, sondern Ver- und Entgesellschaftung, ein kontinuierlicher Prozess« (Geiger 1950: 137): beständige Unbeständigkeit, die Krise in Permanenz, eine einzige Abfolge von wirtschaftlichen Akkumulations- und politischen Legitimationskrisen (bzw. von entsprechenden gesellschaftlichen Krisendeutungen). Und der moderne Staat ist *als Sozialstaat* die normative, funktionale und »sozialtechnische« Instanz des permanenten politisch-ökonomischen Krisenmanagements. Als ein solcher gesellschaftlicher Krisenmanager ist der Sozialstaat zu einer unhintergehbaren sozialen Tatsache geworden (Offe 1973, 1984). Und als solcher operiert er nicht nur beständig unter Krisenbedingungen, sondern er *ist* auch selbst ständig – gleichsam *ex officio* – »in der Krise«: permanent damit beschäftigt, mit immer neuen sozial-politischen Waffen eine stabile (bzw. stabil erscheinende) soziale Ordnung zu schaffen.

## 2.9 Der Sozialstaat – Ordnung, Wissen und Macht

Der durchschnittlichen Medienkonsumentin unserer Tage begegnen der Sozialstaat und dessen Sozial-Politik als eine überaus verwirrende, hochgradig technische und expertokratische, zugleich aber auch in hohem Maße politisierte Materie. »Sozialpolitiker« in Parlament und Verwaltung, Verbänden und Wissenschaft streiten – vom Nachhaltigkeitsfaktor in der Rentenformel bis zum Risikostrukturausgleich der Krankenkassen – über für die Normalsterblichen kaum verständliche Sachverhalte, schließen für die Öffentlichkeit nur schwerlich durchschaubare, als »Renten«- und »Gesundheitsreform« titulierte Sach- und Formelkompromisse, verkünden und vollziehen einerseits mit Verweis auf »knappe Kassen« grundsätzlich »unumgängliche« Kürzungen oder Streichungen von Sozialleistungen, entdecken andererseits mit schöner Regelmäßigkeit und rechtzeitig vor Wahlterminen nicht nur ihre »soziale Verantwortung«, sondern auch unvorhergesehene Mehreinnahmen, die dann wahlweise (und je nach politisch-medialer Konjunktur) zur Subventionierung von Niedriglöhnen, zum Ausbau von Kinderbetreuungsplätzen oder zur wohlwollenden Dämpfung von gesetzlich vorgesehenen (also kurz zuvor politisch beschlossenen) Rentenausgabendämpfungen genutzt werden. So – oder so ähnlich – könnte (und wird wohl auch) das allgemein-öffentliche Urteil über den »sozialpolitischen Betrieb« lauten.

So sehr man dieses Alltagsverständnis sozialstaatlichen Handelns als unzulänglich und durch die unmittelbare Betroffenheit seiner Adressat/innen verzerrt abtun mag, so sehr zeigt jedoch ein Blick aus der sozialwissenschaftlichen Halbdistanz, dass es durchaus – wie »zufällig« auch immer – die zentralen Elemente einer der Komplexität des sozialstaatlichen Geschehens angemessenen Analyse zu erfassen vermag. Die aus den bisherigen Ausführungen gewonnenen Erkenntnisse im Sinne einer *politischen Soziologie des Sozialstaats* lassen sich an dieser Stelle mit bzw. in den drei analytischen Leitbegriffen »Ordnung«, »Wissen« und »Macht« zusammenfassen. Den durch sie bezeichneten gesellschaftlichen Wirkungs- und Sinnzusammenhang namens »Sozialstaat« nun noch einmal kurz und synthetisierend zu skizzieren dient allerdings nicht allein den didaktischen Zwecken eines Einführungsbandes, sondern ist auch als ein Akt wissenschaftlicher Wertbezugstransparenz im Sinne Max Webers (1904a) zu verstehen. Denn schließlich soll der Leserin nicht nur – wie bis hierhin geschehen – unter der Hand, sondern auch ganz ausdrücklich die theoretische Perspektive des Verfassers auf den hier interessierenden Gegenstand vermittelt werden, um ihr auf diese Weise wiederum die Einnahme einer eigenen, fundierten und begründeten, Position im wissenschaftlichen Feld multipler Perspektivierungen zu ermöglichen. Ob diese Positionierung dann mit jener des Verfassers in Einklang steht oder sich mehr oder weniger stark – und mehr oder weniger überzeugend – von ihr entfernt, ist eine Frage des wissenschaftlich-theoretischen Dissenses, den auszutragen und weiterzuführen der ansonsten einigermaßen dubiosen Rede vom »wissenschaftlichen Fortschritt« womöglich einen substanziellen Sinn geben könnte. In diesem Sinne nun also die – (m)eine – Antwort auf die Frage: Worum geht es im Sozialstaat? Sie hat drei Teile.

*Erstens: Im Sozialstaat geht es um die politische Produktion und Reproduktion gesellschaftlicher Ordnung*. Hierzu ist alles Entscheidende bereits gesagt: Bei sozialstaatlichem Handeln geht es zunächst und offensichtlich – vom Kindergeld bis zur Altersrente, von der Ausbildungsförderung bis zur Rehabilitationsleistung – um Intervention in soziale Verhältnisse (Kaufmann 1982), um den politischen Eingriff in die alltägliche Lebensführung, die Lebensbedingungen und Lebenschancen von Personen und Personengruppen mithilfe von Einkommens-, Infrastruktur- und Dienstleistungen, vermittelt über die Steuerungsmedien Recht, Geld und Moral. Der Sozialstaat ist eine gesellschaftlich strukturierende und strukturierte Struktur: die sozialen Verhältnisse durch öffentliche Intervention strukturierend, von diesen Verhältnissen – ökonomischen Erfordernissen und politischen Forderungen – wiederum in seiner Gestalt und Dynamik selbst strukturiert. Die von ihm geprägte und ihn selbst, seine Institutionen und Interventionen, prägende Sozialstruktur stellt sich als ein komplexes Netz von Relationen dar: »das Wirkungsfeld von Sozialpolitik [ist] das *Verhältnis zwischen verschiedenen Klassen oder sozialen Gruppen*« (ebd.: 74; Hervorhebung im Original). Sozialstaatliches Handeln setzt Personen und Personengruppen in eine institutionell bestimmte Beziehung zueinander, strukturiert deren relative, im Sozialvergleich gute (bzw. bessere) oder schlechte (bzw. schlechtere) Lebenschancen, produziert damit immer auch gesellschaftliche Statusordnungen und Positionshierarchien. Wo der Sozialstaat »Gutes« tut, da tut er es nicht absolut und universell, sondern prinzipiell und unvermeidlich auf dem Wege relativer und selektiver Besser- und Schlechterstellung. Die von ihm (mit) hergestellte Ordnung des Sozialen – der gesellschaftlichen Relationen – ist nicht zuletzt daher grundsätzlich dynamisch, immer auch Quelle und Objekt von sozialen Positionskämpfen und Statuskonflikten, des Strebens der sozialen Akteure nach selektiver Interessenberücksichtigung und relativer Besserstellung. Insofern ist die sozialstaatlich geformte Sozialordnung nie stabil, vielmehr veranlassen allfällige Ordnungskrisen den Sozialstaat zu permanenten politisch-sozialen Stabilisierungsanstrengungen, zu einem kontinuierlichen sozialpolitischen Krisenmanagement. Der Sozialstaat ist per Definition in der Krise, weil die sozialen Verhältnisse, die ihn strukturieren, dies ebenfalls – und in der Moderne ebenfalls definitionsgemäß – sind. Doch wer oder was bestimmt eigentlich diese Krise(n), wie bestimmen sich die Schwellenwerte ordnungspolitisch »notwendiger« bzw. »ausreichender« sozialstaatlicher Intervention? Mit dieser Folgefrage sind wir schon beim zweiten Teil (m)einer Antwort auf unsere Ausgangsfrage.

*Zweitens: Die sozialpolitische Herstellung und Sicherung gesellschaftlicher Ordnung vollzieht sich über die Produktion und Reproduktion von sozialem Wissen.* Was diese weitergehende – und meines Erachtens zentrale – Bestimmung sozialstaatlichen Handelns betrifft, müssen wir etwas weiter ausholen. Der soziale Wert von Institutionenbildung in modernen Gesellschaften – und damit auch der Institution(en) des Sozialstaats – besteht darin, verbindliche, Geltung reklamierende und gewinnende Regelsetzungen für die praktischen Handlungsvollzüge sozialer Akteure zu generieren. Die Beständigkeit des sozialen Handelns, die Verstetigung des sozialen Geschehens, die Stabilität und Dauerhaftigkeit der gesellschaftlichen Ordnung zu verbürgen: das ist – im Erfolgsfall – die »Leistung« von Institutionen. Der bloße Verweis auf den Stabilitätseffekt des Institutionellen ist allerdings analytisch kaum weiterführend – von eigentlichem Interesse ist vielmehr die Klärung der Frage, *wie* Institutionen Geltung erlangen, *auf welche Weise* sie die Regelhaftigkeit und Regelmäßigkeit sozialen Handelns sicherstellen bzw. zu gewährleisten suchen (Lessenich 2003a: 29 ff.). Von zentraler Bedeutung in diesem Prozess ist die symbolische Darstellung der »regulativen Idee« des jeweiligen sozialen Handlungszusammenhangs: Besteht die Regulierungsleistung von Institutionen darin, die Akteure eines sozialen Feldes in eine bestimmte (sprich: institutionell definierte) Beziehung zueinander zu setzen, sie in ihren ansonsten je individuellen Handlungsweisen systematisch aufeinander zu beziehen, so ist es funktional von entscheidender Bedeutung, dass der *soziale Sinn* dieser institutionellen Relationierungspraxis effektiv vermittelt, ihre spezifische Rationalität gesellschaftlich – im Wortsinne – zur Geltung gebracht wird. Institutionen sind in diesem Sinne immer auch »symbolische Ordnungen« (Rehberg 1994), ohne dass ihnen bzw. genauer den unterschiedlichen Formen institutionellen Handelns damit freilich ihr ganz »handfest« materieller Charakter abzusprechen wäre.

Der Verweis auf die symbolische Dimension institutioneller Ordnung(en) führt unmittelbar zur Bedeutung des Wissens – von Mechanismen der Wissensproduktion, -reproduktion und -transformation – für Prozesse institutioneller Ordnungsleistung. In gesellschaftliche Institutionen ist, teilweise über lange historische Zeiträume hinweg, soziales Wissen über deren Eigenart, ihre Funktionsmechanismen und Geltungsansprüche, eingegangen und eingelassen. Das überindividuelle Wissen darum, wie soziale Handlungsvollzüge zu erfolgen haben und gesellschaftliche Handlungsbereiche organisiert sind, wie Gesellschaft »eingerichtet« (Polanyi 1957) ist, ist gleichsam in den Institutionen gespeichert und »aufgehoben«. Sie – und, im Falle ihrer Geltung, die in ihrem Rahmen Handelnden – operieren mit Gewissheiten, Selbstverständlichkeiten und Fraglosigkeiten, die maßgeblich dazu beitragen, das individuelle Alltagshandeln zu entproblematisieren, kollektive Handlungsfähigkeit herzustellen und gesellschaftliche »Ordnung« zu wahren – auch und gerade als *Wissensordnung*. Dass die geltende Ordnung gesellschaftlich *gewusst* und damit *als geltende* akzeptiert wird, bedeutet zugleich, dass sie sich selbst nicht (oder immer weniger) als solche öffentlich in Erinnerung rufen muss: Es *gibt* sie ja »offensichtlich«. Umgekehrt gilt, dass die explizite und offensive Thematisierung der Geltungsgründe einer Institution bzw. einer institutionalisierten Ordnung das untrügliche Zeichen ihrer schwindenden gesellschaftlichen Akzeptanz darstellt: das Pfeifen im Walde brüchig gewordener Legitimität eines institutionellen Arrangements. Damit aber ist der entscheidende Mechanismus der Konstitution und des Wandels von Institutionen angesprochen, der oftmals, ja in der Regel hinter der Fassade institutioneller »Stabilität« – sozial wie analytisch – verborgen bleibt: die *Wissenspolitik*, der gesellschaftliche Kampf um die Wissensordnung. Wissenspolitisch stellen sich »herrschende« institutionelle Arrangements als zwangsläufig und alternativlos dar, als »reine Geltung« (Rehberg 1994: 73). Sie verleugnen nicht nur die Kontingenz ihres historisch-sozialen Entstehungszusammenhangs. Sie arbeiten zudem auch permanent und je aktuell an der symbolischen Ausgrenzung des »Anderen«, sprich an der expliziten Entwertung bzw. impliziten Ausblendung von – immer auch existierenden, aber im Erfolgsfall institutionellen Wissensmanagements eben gesellschaftlich kaum ge- oder bewussten – »konkurrierenden Sinnsetzungen und Ordnungsentwürfen« (ebd.: 68).

Was demnach konkret die »unabweisbaren« ökonomischen Erfordernisse sind, die sozialstaatliches Handeln »alternativlos« zu berücksichtigen hat – Inflationsbekämpfung oder Nachfrageförderung, Steuersenkung oder Lohnsubventionierung –, und welche politischen Forderungen nun »berechtigt« sind, deren Erfüllung durch den Sozialstaat daher »geboten« erscheint – die der »Leistungsträger« oder der »Bedürftigen«, des Sachverständigenrats oder der Wohlfahrtsverbände –, stellt sich letztlich als eine Frage wissenspolitischer Verhandlung und Entscheidung dar. Es ist in letzter Instanz eine politisch-soziale Definitionsfrage, was als ein politisch zu thematisierendes, bearbeitendes und »lösendes« soziales »Problem« gilt und gelten kann – und was nicht. Es ist eine solche sozialpolitische Definitionsfrage, ob die gesellschaftliche Ordnung als Struktur sozialer Relationen – die Institutionen der »Ehe« und der »Familie«, die Beziehungen zwischen den »Generationen« und der »Gebenden« zu den »Nehmenden«, die soziale Integration der »Arbeitslosen« und der »Ausländer« – in der »Krise« ist oder eben nicht. Die institutionelle Ordnung des Sozialstaats, seiner Handlungsanlässe und -ziele, konstituiert und stabilisiert sich als *Ordnung des Wissens* um das Soziale, seinen Zustand und seine Zukunft. Das gesellschaftliche *Wissen der Ordnung* wiederum konstituiert eine spezifische Ordnung der Wirklichkeit. Und deren Konstitution ist nichts anderes als eine Frage der Macht – womit wir beim dritten Teil der Antwort wären.

*Drittens: Die sozialstaatlich (re)produzierte gesellschaftliche Wissensordnung ist Einsatz und Effekt gesellschaftlicher Machtkonflikte und -relationen.* Wenn hier also vorgeschlagen wird, die oben rekonstruierte »Sozialstaatsgleichung« Offes um die Erkenntnis zu erweitern, dass die politökonomischen (Selbst-)Stabilisierungsaktivitäten der sozialstaatlichen Ordnung immer wissensvermittelt sind – Sozialstaat = ([Akkumulation + Legitimation] x Selbstinteresse) ÷ soziales Wissen –, so bedeutet dies zugleich, auf die strukturelle Machtbezogenheit und Machtdurchzogenheit sozialstaatlichen Handelns zu verweisen. Die jeweiligen politischen Selbstbeschreibungen dieses Handelns – der die öffentliche Intervention auslösenden sozialen »Probleme« und gesellschaftlichen »Krisen«, der mit dieser Intervention bezweckten »Problemlösungen« und »Krisenbearbeitungen« – müssen gesellschaftlich Geltung erlangen gegenüber *anderen*, konkurrierenden sozialpolitischen Deutungsangeboten. Entsprechende Deutungskämpfe durchziehen sämtliche Felder und Arenen sozialstaatlichen Handelns. Sie gehen den materialen gesellschaftlichen Konflikten um soziale Besser- und Schlechterstellung und um die Ausgestaltung sozialer Beziehungsmuster voraus und ihnen nach, sind mit ihnen untrennbar verwoben. In *beiden* Dimensionen des Konflikts, der »symbolischen« wie der »materialen«, geht es um den Einsatz und die Erweiterung von Machtressourcen, die Behauptung und Veränderung von Machtpositionen, das Schmieden und Spalten von Machtkoalitionen. Der sozialstaatliche Eingriff in gesellschaftliche Verhältnisse ist nur als machtbasierter und machtgenerierender sozialer Prozess denkbar. Letzten Endes geht es im Sozialstaat – neben allen anderen Bekundungen und Erwägungen, Interessen und Intentionen – immer um die politisch-soziale Konstruktion und Stabilisierung einer historisch-konkreten gesellschaftlichen *Herrschaftsordnung* durch sozialpolitische Intervention, und dies bis heute. Wie »erfolgreich« oder »erfolglos« auch immer der Sozialstaat nach sei es selbstgesetzten, sei es fremdbestimmten Wertmaßstäben – der kollektiven Sicherheit oder der individuellen Autonomie, der ökonomischen Effizienz oder der sozialen Emanzipation – operieren mag: In jedem Fall ist und bleibt er ein institutionelles und als solches machtdurchwirktes Arrangement zur Organisation und Rekonfiguration gesellschaftlicher Herrschaft. Weniger in ihm zu sehen oder sehen zu wollen würde seiner machtvollen Rolle im Prozess moderner Vergesellschaftung nicht gerecht – und käme damit einer gesellschaftstheoretischen Selbstentmachtung der Sozialstaatswissenschaften gleich.

In den folgenden Abschnitten dieses Buches wird es darum gehen, die konkurrierenden theoretischen Erklärungsansätze für die gesellschaftshistorische »Machtergreifung« des Sozialstaats zu sichten – und als durchaus komplementär zueinander auszuweisen (Kapitel 3); verschiedene theoretische Perspektiven auf den gegenwärtigen Gestaltwandel des Sozialstaats zu präsentieren – und dabei die strukturellen Kontinuitäten der sozialstaatlichen Gesellschaftsformation nicht aus dem Blick zu verlieren (Kapitel 4); und schließlich, im Lichte der unverkennbaren Anzeichen einer makrosozialen Reproduktionskrise demokratisch-kapitalistischer Sozialstaatlichkeit (Jürgens 2010; Schimank 2011), die Frage nach der Notwendigkeit, den Möglichkeiten und der Widersprüchlichkeit soziologischer Kritik im und am Sozialstaat aufzuwerfen (Kapitel 5).

# 3. Was treibt den Sozialstaat?

## 3.1 Funktionen

Funktionalistische Erklärungsansätze betonen die Bedeutung der wirtschaftlichen Entwicklung bzw., in einem umfassenderen Sinne, des sozioökonomischen Strukturwandels – seiner systemischen Erfordernisse und seiner sozialen Effekte – für die Entstehung und Verstetigung sozialstaatlicher Intervention. Weniger das eigensinnige, intentionale, zielgerichtete Handeln historisch-konkreter Akteure als vielmehr die Funktionsbedingungen systemischer Zusammenhänge und die Folgewirkungen makrosozialer Entwicklungstrends sind es, die aus dieser Perspektive den Weg zum Sozialstaat und seiner Expansion geebnet haben. Der Sozialstaat erscheint hier als politische Reaktion – oder genauer: als Reaktion des politischen Systems – auf veränderte wirtschaftliche Gegebenheiten bzw. auf soziale Probleme und Verwerfungen, die sich im Zuge des historischen Übergangs von der Agrar- zur Industriegesellschaft einstellen. Dabei sind die sozioökonomischen Transformationen, die als gewissermaßen »anonyme« Triebkräfte der sozialstaatlichen Entwicklungsdynamik identifiziert werden, spezifischer als Prozesse der Industrialisierung, der Modernisierung oder aber der Herausbildung einer kapitalistischen Gesellschaftsformation beschrieben und analysiert worden. In jedem der drei Fälle zeichnet sich die Form der Erklärung jedoch durch ihren funktionalistischen Charakter aus: Der Sozialstaat kam in die Welt, weil (und als) es seiner bedurfte. Die Existenz realer sozialer Akteure, die historisch-empirisch als Geburts- und Entwicklungshelfer/innen der sozialstaatlichen Gesellschaftsformation auftreten, wird hier selbstverständlich nicht einfach (wie auch?) weginterpretiert. Indem sie aber aus dieser theoretischen Perspektive im Grunde nichts anderes tun, als systemisch gebotene, funktionslogisch notwendige, faktisch unvermeidliche Entwicklungen (nach) zu vollziehen, geraten sie nicht als in einem starken und strengen Sinne handlungsfähige Subjekte, sondern eher als systemgebundene Vollstreckungsorgane gesellschaftlicher Funktionsimperative in den Blick.

Die frühesten (vergleichenden) Untersuchungen sozialstaatlicher Entwicklung stellen die historische Tendenz der *Industrialisierung* vormals agrarisch geprägter Gesellschaften in den Mittelpunkt ihrer Erklärungsversuche (Wilensky & Lebeaux 1958; Achinger 1958; Rimlinger 1971). Die – *nomen est omen* – »industrielle Revolution« mit all ihren Risiken und Nebenwirkungen sei es gewesen, die den Staat mittelbar wie unmittelbar zu sozialpolitischen Eingriffen herausgefordert, ja geradezu genötigt habe. Die Zerstörung traditionaler Lebenszusammenhänge, die Auflösung der Haushaltsökonomie, das Wachstum und die Wanderung der Bevölkerung und ihre Konzentration in den Städten, die elenden Lebensbedingungen in den urbanen Wohnquartieren, die Erschöpfung und Zerstörung menschlichen Arbeitsvermögens im Zeichen von Fabrikarbeit und mechanisierter Produktion – all dies habe neuartige soziale Bedürfnisse, Gefährdungen und Nöte hervorgebracht, denen mit einer Erweiterung des Gegenstandsbereichs und einer Veränderung der Formen staatlicher Intervention habe Rechnung getragen werden müssen. Der Sozialstaat trete demgemäß an die Stelle überkommener, im Zuge tiefgreifender gesellschaftlicher Umbrüche in ihrer Funktion geschwächter und in ihrer Leistungsfähigkeit überforderter, vorindustrieller sozialer Sicherungsinstanzen: Haushalt und Familie, Hof und Kommune. Das industriell angetriebene, von zyklischen Krisen unterbrochene, langfristig gleichwohl beständige wirtschaftliche Wachstum habe im Übrigen nicht nur für einen erhöhten gesellschaftlichen *Bedarf* an staatlichen Hilfs- und Unterstützungsleistungen gesorgt, sondern zugleich auch jene materiellen *Ressourcen* geschaffen, die für eine öffentliche Kompensation privater Notlagen erforderlich gewesen seien. Insofern bestehe nicht nur entstehungshistorisch, sondern auch entwicklungslogisch ein enger Zusammenhang zwischen industrieller Wachstumsdynamik und öffentlicher Wohlfahrtsproduktion: Je weiter eine Nation auf dem Weg zur Industriegesellschaft vorangeschritten sei, desto umfassender werde sich der Staat sozialpolitisch engagieren – und desto mehr werde er sich dieses Engagement finanziell auch kosten lassen (müssen) bzw. leisten können. Das scheinbar unaufhaltsame Wachstum der Sozialausgaben, grafisch als stetig steigende Kurve illustriert, gilt gemeinhin als sprechender Ausdruck dieses Zusammenhangs und als eine der populären »Wahrheiten« über den Sozialstaat – und ziert deswegen symbolisch auch den Titel des vorliegenden Bandes. Auf die Mechanismen und Effekte solch gesellschaftlicher Wahrheitsproduktion wird hier, wenigstens am Rande, zurückzukommen sein.

Ein zweiter Strang funktionalistischer Erklärungen begreift den Sozialstaat zwar ebenfalls als geschichtlich notwendige Antwort auf objektive gesellschaftliche Entwicklungsprozesse und Funktionsprobleme, stellt seinen Aufstieg jedoch in den umfassenderen Kontext des Prozesses der *Modernisierung* – hier verstanden als unabhängige, erklärende Variable sozialstaatlichen Handelns (Flora et al. 1977; Flora & Heidenheimer 1981; Alber 1982). Es sind demnach die langen Wehen des (kollektiven) Übergangs der westlichen Nationalstaaten zum modernen Gesellschaftstypus, die der sozialstaatlichen Institutionenbildung zum Durchbruch verholfen haben – wobei sich die Antriebsmomente der sozialstaatlichen Herauf- bzw. Niederkunft dieser Lesart zufolge durchaus nicht allein auf im engeren Sinne sozioökonomische Phänomene reduzieren lassen. Vielmehr werden in der modernisierungstheoretischen Erzählung explizit auch politische und kulturelle Faktoren in die Erklärung einbezogen: Der Verweis auf wirtschaftliche Wachstumsprozesse allein könne insbesondere die Frage des *timing*, also des (von Fall zu Fall unterschiedlichen) Zeitpunkts der erstmaligen Einführung sozialstaatlicher Programme und Einrichtungen, nicht beantworten. Neben den neuartigen systemischen und sozialen Integrationsproblemen, die sich als Folge der funktionalen Ausdifferenzierung des Wirtschaftssystems moderner Gesellschaften ergäben, müssten vor allem Säkularisierung und Demokratisierung als weitere Bestimmungsmomente der sozialstaatlichen Entwicklung in Betracht gezogen werden, deren Einfluss allerdings erkennbar nicht immer und überall gleichgerichtet gewesen sei. So stellt der stetige Bedeutungsverlust kirchlich-karitativer Hilfsarrangements historisch zwar durchweg ein Einfallstor für die staatliche Verantwortungsübernahme im Sozialsektor dar – die verbleibenden Betätigungsfelder für privat-verbandliche »Wohlfahrtspflege« sind aber, und dies bis heute, von national durchaus unterschiedlichem (und zum Teil beträchtlichem) Ausmaß gewesen. Die Mobilisierung der sozial benachteiligten »Massen« auf der Suche nach politischer Partizipation und Mitbestimmung wiederum hat die sozialstaatliche Entwicklung tendenziell sicherlich positiv beeinflusst, doch lässt sich im historisch-internationalen Vergleich keineswegs durchgängig ein unmittelbarer Zusammenhang von Demokratisierung und Sozialstaatsentwicklung feststellen.

Der deutsche Fall einer zwar im internationalen Vergleich sehr frühzeitig, jedoch eindeutig unter konservativ-autoritären

Auspizien erfolgenden Errichtung öffentlicher Sozialprogramme auf nationaler Ebene stellt jedenfalls eine prominente Abweichung von der unterstellten Wahlverwandtschaft zwischen Sozialstaat und Demokratie dar (Ritter 1998). Aus funktionalistischer Perspektive erklärt sich die Genese des seither als »Bismarck-Modell« titulierten Sozialversicherungsstaats in den 1880er Jahren eher als ein Effekt der wiederum – etwa gegenüber England oder Frankreich – relativ späten, dafür aber umso rascheren und somit die gesellschaftlichen Verhältnisse besonders massiv umwälzenden Industrialisierung des Deutschen Reiches. Getrieben durch die Konkurrenz mit den frühindustrialisierten Volkswirtschaften, insbesondere mit der nicht nur europäisch führenden britischen Ökonomie, verlegte sich der preußisch-deutsche Staat auf eine Politik der aktiv-interventionistischen Industrieförderung, zu der als integraler Bestandteil auch die öffentlichen Bemühungen um eine Sicherung der Reproduktion der industriellen Arbeitskräfte gezählt werden müssen. Das Motiv einer solch weitreichenden Intervention in die gesellschaftlichen Verhältnisse war den politischen Eliten gleichsam »von außen« vorgegeben – sie sahen sich, folgt man dem funktionalistischen Erklärungsmuster, einem systemischen Druck (wenn nicht Zwang) zu systemstabilisierendem Handeln ausgesetzt. Dass sie, wie das Drehbuch zur klassischen Kriminalgeschichte lehrt, neben dem sozialpolitischen Motiv auch die (administrativen) Mittel und die (strukturelle) Gelegenheit für einen effektiven Eingriff in systemfunktionaler Absicht benötigten, sei an dieser Stelle nur erwähnt – dazu später.

Im Hintergrund solch funktionalistischer Interpretationsangebote stehen erkennbar modernisierungstheoretische Vorstellungen, die auf Émile Durkheims Überlegungen zum Strukturwandel der gesellschaftlichen Arbeitsteilung im Übergang zur Moderne zurückgehen (bzw. auf die spätere, maßgeblich um dessen

Werk zentrierte *parsonianische* Synthese der soziologischen Klassiker). Auch schon für Durkheim (1893) waren es namentlich die Ausdifferenzierung und Ausweitung des wirtschaftlichen Handlungsraums, die vermittelt über die Mechanismen zunehmender Konkurrenz und Interdependenz der Wirtschaftsakteure eine Umstellung der Steuerungslogiken und Organisationsformen auch anderer gesellschaftlicher Handlungsbereiche geradezu erzwingen: Die arbeitsteilige industrielle Ökonomie erzeugt einen unentrinnbaren evolutionären Druck in Richtung auf ebenso »moderne« Strukturbildungen etwa eines den Verkehr der marktvergesellschafteten Wirtschaftssubjekte regelnden Rechtssystems oder einer das notwendige Rechtsvertrauen stützenden, universalistischen Moral der Wirtschaftsbürger (Müller & Schmid 1988). Durkheims Denken in systemischen Differenzen, strukturellen Spannungsverhältnissen und dynamischen Anpassungsbewegungen zwischen der Ökonomie auf der einen, Recht, Kultur und Politik auf der anderen Seite beeinflusst (neo)funktionalistische Sozialtheorien und Gesellschaftsdiagnosen bis heute – nicht zuletzt auch einflussreiche Deutungen des aktuellen Wandels der sozialstaatlichen Formation (Münch 2009).

Eine dritte und letzte – gegenwärtig vergleichsweise weniger verbreitete – Variante jener Ansätze, welche die Existenz des Sozialstaats in dessen Funktionalität für makrosoziale Systemzusammenhänge begründet sehen, beruft sich in ihrem Erklärungsanspruch auf die unentrinnbare Logik des *Kapitalismus* (Offe 2006; O'Connor 1973; Gough 1979). Der Sozialstaat gilt diesem »neomarxistischen« Paradigma als Antwort auf die systemreproduktiven Erfordernisse der kapitalistischen Produktionsweise, als – zunächst jedenfalls – funktionales politisches Programm des »saving capitalism from itself« (Esping-Andersen 1994: 714; klassisch in diesem Sinne Heimann 1929). Ein gewisses Maß an sozialstaatlicher Rahmung und »Zähmung« sei zur Reproduktion des kapitalistischen Akkumulationszusammenhangs unverzichtbar – und müsse vom Sozialstaat im Zweifel auch gegen einzelwirtschaftliche Interessen der Kapitalseite an möglichst ungehinderten Marktoperationen durchgesetzt werden. Als (nicht bloß ideeller) »Gesamtkapitalist« habe der Sozialstaat in letzter Instanz stets den unabweisbaren, gesamtwirtschaftlichen Imperativen der Kapitalverwertung und -profitabilität zu gehorchen. Der Grad der politischen Berücksichtigung von Forderungen der (lohn-)abhängigen Klassen nach sozialer Sicherheit – und gegebenenfalls auch der sozialpolitischen Missachtung kurzfristiger Gewinninteressen bestimmter Kapitalfraktionen – bemesse sich stets an dieser vorrangigen Funktionszuschreibung. Die Wohlfahrtseffekte sozialpolitischer Intervention sind dem Sozialstaat insofern nicht etwa primäres, normativ begründetes Staatsziel, sondern im Grunde bloß abgeleiteter Natur, letzten Endes Konzessionsentscheidungen einer öffentlichen Politik in systemstabilisierender Absicht. Gleichwohl gerät der Sozialstaat aus dieser Perspektive ebenso zwangsläufig in eine doppelt paradoxale Situation: Einerseits muss er zur Aufrechterhaltung des Akkumulationsprozesses immer neue, akkumulationsbehindernde (weil, wenn auch im Interesse des Verwertungsprozesses liegende, so eben doch kostspielige und also wertabschöpfende, »konsumtive«) sozialpolitische Eingriffe tätigen – vom Arbeitslosengeld bis zum Zahnersatz. Andererseits muss er sich zwecks Aufbaus einer eigenständigen Machtbasis zur Durchführung und Durchsetzung seiner interventionistischen, gegebenenfalls auch über Einzelkapitalinteressen hinweggehenden (und somit weniger »kapital«- als kapitalismusfreundlichen) Politik an die Bevölkerung wenden und sich eine zumindest formal-demokratische, wahlpolitische Legitimation verschaffen – womit er jedoch unvermeidlicherweise die Geister anschwellender Forderungen nach Ausdehnung wohlfahrtspolitischer Aktivitäten, von höheren und längeren Arbeitslosengeldzahlungen bis hin zu höherwertigen und zuzahlungsfreien Zahnersatzleistungen, ruft. In diesem systemischen, politisch-ökonomischen Spinnennetz funktionaler Akkumulationsbeiträge und Legitimationsbedarfe ist der kapitalistische Sozialstaat unwiderruflich gefangen – als in gewisser Weise tragischer Held einer immer wieder aufs Neue notwendig werdenden Stabilisierung der krisenhaften Beziehung von Kapitalismus und Demokratie.

## 3.2 Interessen

Interessen- bzw. konflikttheoretische Ansätze markieren – erklärungslogisch wie auch wissenschaftshistorisch – die tendenzielle Abkehr von struktur- bzw. systemfunktionalen und den Übergang zu stärker akteursorientierten und damit zugleich politiksensibleren Erklärungsmustern sozialstaatlicher Entwicklung. Sie betonen durchweg die zentrale Rolle der *Demokratisierung*, also der Durchsetzung des allgemeinen und gleichen Wahlrechts bzw. der Ausbreitung demokratischer Formen der Interessenorganisation, -repräsentation und -vermittlung für sozialstaatliche Institutionalisierungsprozesse. Dieser Interpretation zufolge war es die massendemokratische Mobilisierung der Bevölkerung und insbesondere der Arbeiterschaft, die der Ausweitung staatlicher Lohnarbeitsregulierung, sozialer Sicherungssysteme und öffentlicher Daseinsvorsorge historisch zum Durchbruch verholfen hat. Auf ihre je eigene Weise vertreten alle unter das Interessen-Paradigma zu subsumierenden Erklärungen eine Variante der *politics matters*-These: Es sind wahlweise die im politischen Willensbildungsprozess zum Ausdruck gebrachten und zur Geltung gelangten Interessen der übergroßen Mehrheit der Bevölkerung, die am Beginn der sozialstaatlichen Entwicklung stehen; der starke Arm der Arbeiterklasse bzw. der »sozialen Bewegung« (Heimann 1929), mit dessen Hilfe das – jeweils nationale – Sozialrecht erkämpft wird; oder die Konfliktmuster und Koalitionsbildungsprozesse im sozialen Raum unterschiedlicher sozialer Status- bzw. Risikogruppen, die für die Errichtung und Ausgestaltung der modernen Sozialstaatsarchitektur verantwortlich zeichnen.

Für das einfachste, von der historischen Durchsetzung der *Massendemokratie* in den westlichen Industriegesellschaften ausgehende Argumentationsmuster führt die Etablierung des Wahlmechanismus von sich aus und quasi-automatisch – vermittelt über den (partei-)politischen Wettbewerb um Wählerstimmen – zur Ausweitung der Staatsausgaben und vor allem ihres unmittelbar wählerwirksamen (weil konsumtiven) Teils, der Sozialausgaben. Inspiriert durch Joseph Schumpeters Analysen zum strikt stimmenmaximierenden Verhalten politischer Akteure (Schumpeter 1946) gipfeln solche polit-ökonomischen Überlegungen im – alltagsweltlich plausibel anmutenden, empirisch allerdings nur bedingt belastbaren – Theorem vom »political business cycle«, sprich der besonderen sozialpolitischen Ausgabenwirksamkeit von Wahlterminen (Tufte 1978). Eine andere, theoretisch besser fundierte und analytisch differenziertere Spielart dieses Ansatzes geht auf einen konzeptionell bahnbrechenden (empirisch allerdings kaum weniger umstrittenen) Essay des britischen Soziologen Thomas H. Marshall zurück. Marshall (1949) rekonstruiert den Weg zum modernen Wohlfahrtsstaat als einen auf der schrittweisen Demokratisierung der gesellschaftlichen Verhältnisse beruhenden, geradezu unaufhaltsamen Prozess der kumulativen Ausstattung des Staatsbürgers mit bürgerlichen Freiheits-, politischen Partizipations- und sozialen Teilhaberechten. Die Gewährleistung und Garantie individueller sozialer Rechtsansprüche – insbesondere auf Gesundheitsversorgung, Bildungsbeteiligung und ein monetäres Existenzminimum – über die Institutionen des Sozialstaats stellt demnach die Krönung des modernen Staatsbürgerstatus (»citizenship«) dar: Sie erst ermöglichen jedem – und jeder – einzelnen Bürger/in die effektive Inanspruchnahme und Ausübung seiner bzw. ihrer (in Marshalls an der britischen Geschichte orientierten Darstellung historisch vorgängig erworbenen) freiheitlichen und politischen Grundrechte. Erst im Sozialstaat der europäischen Nachkriegszeit vollzieht sich mithin die wirkliche Materialisierung des bis dahin formal gebliebenen demokratischen Gleichheitsversprechens (Dahrendorf 1988; Esping-Andersen 1990). Argumentierten die wahlpolitischen Erklärungsversuche mit einem Standardmodell des in seinen Orientierungen und Präferenzen vollständig von der Konkurrenz um ein knappes Gut (nämlich Wählerstimmen) dominierten Berufspolitikers als rationalem Akteur, ohne diese Figur soziologisch näher zu bestimmen und etwa auf gesellschaftliche Klassenstrukturen und deren Repräsentation (oder auf spezifische politische Ideologien und deren Trägergruppen) Bezug zu nehmen, so operiert die Theorie der Staatsbürgerrechte durchaus in einem »kollektivistischen«, konfliktsoziologischen und klassenpolitischen Rahmen, ohne diesen allerdings im Einzelnen näher auszubuchstabieren (Giddens 1983).

Marshalls Vorstellung von einem säkularen gesellschaftlichen Ringen um die graduelle Ausweitung des Staatsbürgerstatus – im Sinne von beständig erweiterten Rechtsgarantien für stetig wachsende Bevölkerungsgruppen – ist sozialpolitikwissenschaftlich (auch) deswegen so bedeutsam, weil sie das theoretische Bindeglied zwischen funktionalistischen und interessenlogischen Ansätzen zur Erklärung moderner Sozialstaatlichkeit darstellt. Zum einen sieht Marshall in den Staatsbürgerrechten ein systemisch notwendiges – und sich mit einer gewissen historischen Notwendigkeit auch herstellendes – Integrationsmoment moderner

Gesellschaften (Mackert 2006: 27 ff.), insofern sie die hierarchische Struktur marktvermittelter sozialer Ungleichheiten mit einem Fundament basaler und nicht bloß formaler Rechtsgleichheit versehen – und damit maßgeblich zur gesellschaftlichen Legitimation eben dieser Ungleichheitsstruktur beitragen. Zugleich sieht Marshall – damit ganz in der Tradition Durkheims stehend – die Durchsetzung und Geltung des Staatsbürgerstatus auch als Frage der Herausbildung und Verfestigung einer staatsbürgerlichen Moral, eines gemeinsam geteilten Bewusstseins aller und jedes einzelnen Bürgers von der Zugehörigkeit zu einer gesellschaftlichen Gemeinschaft freier und gleicher – gleichberechtigter – Menschen. Die in letzter Instanz durch den Sozialstaat organisierte und gesicherte »bürgerschaftliche« Gleichstellung geschieht in diesem Sinne »not so much between classes as between individuals within a population which is now treated for this purpose as though it were one class« (Marshall 1949: 107). Gleichwohl aber stellt Marshall zum anderen – und anders als modernisierungstheoretische Ansätze eines im engeren Sinne funktionalistischen Zuschnitts – die Klassenstruktur der industriellen Gesellschaft, den sozialstrukturellen Antagonismus von »Kapital« und »Arbeit« und die darin eingelagerte soziale und sozialpolitische Konfliktdynamik erklärungslogisch durchaus zentral.

Damit bietet er systematische theoretische Anknüpfungspunkte auch für all jene Ansätze, welche die entscheidende Bedeutung von Prozessen der Klassenmobilisierung und *Klassenpolitik* für die Geschichte des Sozialstaats hervorheben. Während sich ein Nebenstrang dieser Erklärungsrichtung den sozialpolitischen Effekten und (zumeist allerdings durchaus zwiespältigen) Erfolgen außerinstitutionellen Handelns, also des politischen Protests unterprivilegierter bzw. marginalisierter sozialer Gruppen widmet (Piven & Cloward 1971), stehen in aller Regel die Sozialdemokratie, d.h. die politische Organisation der Arbeiterklasse, ihr

Marsch in und durch die Institutionen politischer Herrschaft sowie ihre dadurch ermöglichte Rolle als Triebkraft der sozialstaatlichen Entwicklung im Mittelpunkt dieses Ansatzes (Shalev 1983). Wir haben es bei dem »sozialdemokratischen Modell« der Sozialstaatsinterpretation mit dem sozialwissenschaftlich (aber auch politisch) zweifellos wirkungsmächtigsten und international über lange Zeit hinweg gleichsam das sozialstaatliche Deutungsmonopol für sich reklamierenden Erklärungsversuch zu tun (Castles 1978; Korpi 1983; Esping-Andersen 1985). Von zentraler Bedeutung für dieses Paradigma, das empirisch stark auf der Untersuchung des schwedischen Falls gründet, ist das Argument, dass sich der klassenpolitische Charakter des »industriellen Konflikts« zwischen Lohnarbeit und Kapital durch die gesellschaftsweite Verankerung demokratischer politischer Strukturen und Prozeduren grundlegend verändere: Durch die von ihr selbst erstrittene und beförderte Demokratisierung werde die Arbeiterklasse in die Lage versetzt, ihr Schicksal in die eigene Hand zu nehmen, sprich die nunmehr etablierten Institutionen politischer Einflussnahme – vom Parlament bis zum Betriebsrat – im Interesse ihrer selbst zu nutzen.

Zur Errichtung und Entfaltung des Sozialstaats führt in der Erzählung dieser »Machtressourcentheorie« die Verknüpfung dreier Faktoren: die politisch-soziale (Wieder-)Geburt des Arbeiters als Wahlberechtigter und »Industriebürger«, d.h. als individueller und (durch Wahrnehmung des Koalitionsrechts) kollektiver politischer Akteur; die damit ermöglichte Organisationsmacht der Arbeiterbewegung in Gestalt von (im Idealfall zentralistischen und in ihrem eigenen Lager konkurrenzlosen) Parteien und Gewerkschaften; und die (historisch spätere) Verknüpfung dieser Organisationsmacht mit einer »keynesianischen« politisch-ideologischen Programmatik, die dem Lohninteresse der Arbeiterschaft (also der Nachfrageseite) Gemeinwohlcharakter zuspricht und dieses damit den Kapitalinteressen (also der Angebotsseite) zumindest legitimatorisch gleichstellt (Vobruba 1983). All dem liegt die Überzeugung zugrunde, dass die moderne Gesellschaft durch den Strukturkonflikt zwischen Markt und Staat, Ökonomie und Politik bestimmt ist, der sich empirisch in den (insofern »immer schon« vorstrukturierten) sozialen Kämpfen zwischen Kapital und Arbeit manifestiert – deren relative Machtressourcen wiederum, im Sinne von »mehr« oder »weniger« staatlicher Intervention in das Marktgeschehen, über die historisch konkrete Ausgestaltung dieses strukturellen Spannungsverhältnisses bestimmen. Erst die voranschreitende Demokratisierung der Politik ermögliche es der strukturell unterlegenen Konfliktpartei der Arbeit, so die zugrunde liegende Überlegung, der ansonsten übermächtigen Kapitalseite in effektiver Weise mit ihrer einzig erfolgversprechenden »power resource« zu begegnen, nämlich mit der Macht der großen Zahl (Przeworski & Sprague 1986). Die Wahlurnen werden dann – zumindest der Theorie nach – zum Ausgangspunkt einer »arbeiterfreundlichen« Politik von Seiten der auf den Regierungsschild gehobenen Repräsentanten der Subalternen.

Das Machtressourcenmodell der Erklärung sozialstaatlicher Entwicklung ist im Zuge seiner Verbreitung zunehmend verfeinert und um weitere, intervenierende Variablen ergänzt worden. Dabei wurde insbesondere auf das im Zeichen der ersten Krisenerscheinungen nach dem Wirtschaftsboom sich verbreitende Phänomen der staatlich gerahmten, klassenübergreifenden Interessenkoordination im Rahmen neokorporatistischer Austauschprozesse zwischen den Spitzenverbänden von Kapital und Arbeit verwiesen (Goldthorpe 1984; Scharpf 1987) sowie auf die Bedeutung national spezifischer Klassenkoalitionen, wie z.B. von Industriearbeiterschaft und agrarischen Milieus in Schweden, für die Entwicklungsdynamik sozialstaatlicher Politik (Esping-Andersen 1990; Huber & Stephens 2001). Andererseits aber sind zunehmend auch Zweifel an der Allgemeingültigkeit des Modells geäußert worden. So wurde etwa schon früh (und mit Blick nicht zuletzt auf den deutschen Fall) darauf hingewiesen, dass jedenfalls die Anfänge staatlicher Sozialversicherungspolitik mit dem Verweis auf den Aufstieg und die Machtentfaltung der Sozialdemokratie allein nicht hinreichend erklärt werden können (Alber 1982) und dass Kapitalstrategien und Unternehmerinteressen einen historisch bedeutsamen, eigenständigen Beitrag zur Entstehung des Sozialstaats geleistet haben (Mares 2003; Münnich 2010). Grundsätzlich wurde damit Kritik an der begrenzten Erklärungskraft eines Ansatzes laut, dem – orientiert an den historischen Erfahrungen der skandinavischen Gesellschaften und namentlich Schwedens – allein oder jedenfalls primär der Kampf der (lohn)abhängigen Klassen um gesellschaftliche Gleichheit als sozialstaatlich strukturbildend gilt, womit der analytische Blick auf das sozialpolitische Interessen- und Akteursfeld im demokratischen Kapitalismus über Gebühr eingeschränkt werde.

Wird dagegen nicht der (im Kern anti-kapitalistische) Arbeiterkampf um die Verteilung des gesellschaftlichen Reichtums, sondern der gesellschaftliche Konflikt um die Vergemeinschaftung individueller Lebensrisiken ins Zentrum der Betrachtung gestellt, dann sind es nicht soziale Klassen und Klassenkoalitionen, sondern vielmehr quer zum Kapital/Arbeit-Konflikt liegende, Klassengrenzen durchschneidende Risikogruppen, die in wechselnden sozialpolitischen »*Risikokoalitionen*« für die Errichtung und um die Ausgestaltung sozialstaatlicher Systeme des kollektiven Bedarfsausgleichs gestritten haben (Baldwin 1990, 1996; Korpi & Palme 1998; Schommer 2008). Aus dieser Perspektive sind dann folgerichtig nicht die Arbeiterklasse und deren Organisationen (bzw. die Organisationen ihrer klassenpolitischen Gegner auf Seiten des Bürgertums) die historisch entscheidenden politischen Akteure der Sozialstaatswerdung, sondern die gesellschaftlichen »middle classes« werden zum wohlfahrtspolitischen Zünglein an der Waage, das den Ausschlag für Erfolg oder Misserfolg sozialstaatsfreundlicher politischer Strategien gibt (Goodin & LeGrand 1987). Jedenfalls im Verlaufe seiner historischen Entwicklung entpuppt sich die Etablierung öffentlicher Sozialleistungssysteme zunehmend als ein Mittelschichtsprojekt, das sich nicht oder jedenfalls nicht primär einer sozialpolitischen Programmatik der Einebnung von Klassenunterschieden oder der Besserstellung der Schlechtestgestellten verschreibt, sondern die Statusinteressen und Lebensführungsmuster von Facharbeitern, Angestellten, Beamten und Freiberuflern (und ihren weiblichen Standesgenossen) in den Mittelpunkt seiner Sicherungslogik rückt (Lessenich 2009b).

Eine Rekonstruktion der sozialstaatlichen Entwicklungsgeschichte Deutschlands aus interessentheoretischer Perspektive würde wie kaum ein zweites Beispiel diese historische Koalition der Mittelschichten mit »ihrem« Sozialstaat in den Blick geraten lassen – und damit die allgemeine These bestätigen, wonach »the consolidation of welfare states after World War II came to depend fundamentally on the political alliances of the new middle classes« (Esping-Andersen 1990: 31; vgl. Vogel 2009: 116 ff.).

Schon die Anfänge gesamtstaatlicher Sozial(versicherungs)politik im Kaiserreich zeichneten sich nicht eben durch ein universalistisches oder egalitäres gesellschaftspolitisches Anliegen aus, sondern zielten im Kern auf die Sicherungsinteressen des mittleren und gehobenen Industriearbeitermilieus – im Rahmen eines sozialstaatlichen Institutionensystems, für das die Arbeiterklasse jedenfalls nicht an vorderster Front gekämpft hatte, sondern das ihr in gewisser Weise von den Staatseliten herrschaftlich aufgenötigt wurde (zumal es als Zwangsversicherungssystem zumindest teilweise an die Stelle zuvor existierender Arbeiterselbsthilfevereinigungen trat). Insbesondere aber in der Bundesrepublik bildeten sich dann, im Zuge und Zeichen des »Wirtschaftswunders«, sozialpolitische Strukturen heraus, die an mittelschichtstypische Erwerbskarrieren und Bildungsbiografien, Haushalts- und Familienformen angepasst waren – und ihrerseits die Soziallagen und Lebensstile der Mittelschichten förderten. Vom statussichernden Krankengeld bis zur dynamischen Altersrente, von der beitragsfreien Mitversicherung Familienangehöriger bis zum steuerrechtlichen Ehegattenprivileg, von der Eigenheimzulage bis zur Pendlerpauschale: Die Programme und Programmierungen des Nachkriegssozialstaats haben die »Mittelstandsgesellschaft« (Schelsky 1953) erst möglich gemacht – und die mittleren Stände, auch und gerade als sozialpolitische *pressure group*, gesellschaftlich dominant werden lassen.

Ein letzter an dieser Stelle zu erwähnender, in kritischer Auseinandersetzung mit dem klassischen Machtressourcenansatz entwickelter Argumentationsstrang verweist schließlich – unter dem Motto »parties matter« – auf die Spezifika der modernen Demokratie als Parteiendemokratie und erklärt in diesem Sinne die zahlreichen »Sonderfälle« sozialstaatlicher Entwicklung, die sich dem sozialdemokratisch-skandinavischen Muster nicht fügen wollen. Die Aufmerksamkeit gilt hier der Struktur und Dynamik nationaler Parteiensysteme und damit nicht nur den sozialdemokratischen bzw. »linken«, sondern ebenso auch ihrer Konkurrenz, den »rechten« oder bürgerlichen Parteien, sowie den Prozessen des Konflikts und der Kooperation innerhalb beider Lager sowie zwischen ihnen. Dabei zeigt sich z.B., dass starke liberale Parteien häufig, auch in wirtschaftlich hochentwickelten Industrienationen, als Bremser der sozialstaatlichen Entwicklung wirken, konservative Parteien hingegen – unter bestimmten historischen Bedingungen und dem Druck des Parteienwettbewerbs – durchaus auch als Sachwalter sozialstaatlicher Expansion auftreten können (Schmidt 1982; Obinger & Wagschal 2000). Zumal christdemokratische Parteien, insbesondere solche mit einer stark sozialkatholischen Ader, können mit Blick auf die politische Beförderung des Sozialstaats als funktionale Äquivalente einer hegemonialen Sozialdemokratie gelten und darüber hinaus als Initiatoren und Promotoren einer eigenständigen, charakteristischen Form von Sozialstaatlichkeit, eines »sozialen Kapitalismus«, verstanden werden (Wilensky 1981; Kersbergen 1995). In Einzelfällen – und hier ist, aufgrund spezifischer historischer und politisch-kultureller Prägungen, wiederum das (bundes)deutsche Beispiel einschlägig – können sich mit Christ- *und* Sozialdemokratie sogar zwei genuine »Sozialstaatsparteien« parallel etablieren, die in ihrer strukturellen Konkurrenz um die politische Mitte eine förmliche oder faktische »große Koalition« sozialpolitischer Intervention eingehen.

## 3.3 Institutionen

Institutionalistische Erklärungsansätze gehen davon aus, dass die Akteure im Feld der Sozialpolitik, seien dies nun Klassen oder Eliten, Parteien oder soziale Bewegungen, grundsätzlich im Rahmen institutioneller Kontexte handeln, d.h. in einer auf bestimmte Weise gesellschaftlich »eingerichteten« Welt (Polanyi 1957). Dieses durch bestehende institutionelle Rahmungen geprägte – auf bestimmte Zielorientierungen und Verhaltensweisen eingestellte – Handeln führt seinerseits wiederum zu Institutionenbildungen bzw. -umbildungen (neuen oder veränderten gesellschaftlichen »Einrichtungen«), die ihrerseits neuartige Kontextbedingungen für das soziale Handeln darstellen (Giddens 1984; Lessenich 2003a: 33 ff.). So wie die Erfüllung gesellschaftlicher Funktionserfordernisse nur von realen sozialen Akteuren vollzogen (oder verweigert) werden kann, so lassen sich deren über die bloße Funktionserfüllung hinausweisenden, interessengeleiteten Aktivitäten sinnvoll nur als gesellschaftlich präformiertes, institutionell gerahmtes Handeln denken. Weder fallen die (materiellen wie ideellen) Interessen der Handelnden vom Himmel, noch entwickeln sie sich gleichsam aus ihnen selbst heraus. »Institutionen formen Interessen und bieten Verfahrensweisen für ihre Durchsetzung« (Lepsius 1990: 7): Was wer weshalb und wann in Gesellschaft will – und kann –, ist eine Frage nicht des Schicksals oder der Persönlichkeit (obwohl beides von Fall zu Fall auch eine Rolle spielen mag), sondern primär abhängig von den institutionell gesetzten Anreiz-, Macht- und Gelegenheitsstrukturen. Institutionalistische Ansätze beruhen, über alle internen Differenzen hinweg, auf der soziologischen Vorstellung der »embeddedness« (Gemici 2008) menschlichen Handelns: Individuelle wie kollektive Akteure sind »eingebettet« in eine gesellschaftliche Struktur von Normsetzungen und Zielbestimmungen, Regeln und (daher) Regelmäßigkeiten des Handelns.

Wenig überraschend geht nun die institutionalistische Sozialstaatstheorie davon aus, dass dem Staat – grundsätzlich und zumal in seiner historisch spezifischen Gestalt *als* Sozialstaat – eine wesentliche Bedeutung als institutionelles »Bett« des sozialen Handlungsflusses zukommt. Dies zu behaupten bedeutet mehr als die bloße Feststellung, dass der Staat als Arena politischer Interessenartikulation und Konfliktaustragung fungiert, also die institutionelle Bühne von »politics« dar- und bereitstellt. Der Staat ist aus dieser Perspektive gesehen nicht bloß der Regelgeber und Schiedsrichter des politischen Spiels. Er kommt vielmehr als eigenständiger, (wenigstens relativ) autonomer, »aktivischer« Akteur in den Blick, der den politisch-sozialen Kampf der Interessen nicht nur zulässt, sondern diesen auch steuert, lenkt und intentional in ihn interveniert. In den Fokus gerät somit die

»polity«-Dimension der Politik: Es geht um die besonderen Merkmale und historischen Wurzeln moderner *Staatlichkeit*, um die administrativen Strukturen und Organisationskapazitäten des Staates, um seine Funktion und Qualität als mächtige, selbstinteressierte und eigenlogisch operierende Partei im Prozess der politischen Gestaltung von Gesellschaft (Offe 1975; Vobruba 1983: 83 ff.).

Es sind die staatlichen Funktions- und Positionseliten, die hier wesentlich für die Erklärung der sozialstaatlichen Entstehungs- und Entwicklungsgeschichte in Anspruch genommen werden: Die Einführung und der Ausbau sozialpolitischer Einrichtungen und Programme diente demnach nicht zuletzt der Durchsetzung, Stabilisierung und Ausweitung staatlicher bzw. staatspolitischer Machtansprüche. Aus dieser Sicht erscheint etwa – um dies erneut am deutschen Fall zu illustrieren – die Genese des »Bismarckschen Sozialstaats« erst in einem staatspolitischen Lichte besehen erklärbar: Hier ging es den handelnden politischen Eliten nicht in erster Linie um das Wohlergehen der »arbeitenden Bevölkerung«, die soziale und moralische Besserung der »niederen Stände«. Vielmehr hatte deren materielle Sicherung vorrangig staatspolitisch-instrumentellen Charakter, indem die machtpolitisch »gefährlichen Klassen« motivational an ein autoritär-reformerisches »Sozialkaisertum« gebunden werden sollten. Jedenfalls im Deutschen Reich – aber keineswegs nur dort – diente die staatliche Verantwortungsübernahme und Zuständigkeitserklärung für »das Soziale« als Instrument politischer Herrschaftssicherung: »Die frühe Sozialpolitik war eine Sozialpolitik von oben, nicht durch die Arbeiterbewegung, sondern gegen sie realisiert.« (Alber 1982: 150) Allerdings erschöpfte sich die machtpolitische Dimension der Sozialstaatsgründung keineswegs im anti-sozialistischen bzw. -sozialdemokratischen Impuls öffentlich-rechtlicher Sozialintervention. Zumindest im preußisch-deutschen Fall folgte der Aufbau einer hoheitlichen Ordnung sozialer Sicherungssysteme zugleich eindeutig antiliberalen, antizivilgesellschaftlichen und dabei insbesondere auch antikatholischen Intentionen. Und die neu entstehenden Sozialversicherungen hatten eine unmittelbare politisch-institutionelle Bedeutung auch insofern, als sie über die Schaffung zentraler administrativer Einrichtungen und landesweiter bürokratischer Vernetzungen den verwaltungspolitischen Vollzug der »inneren Reichsgründung« des jungen Deutschen Reiches maßgeblich vorantrieben (Tennstedt 1997). Selten in der sozialstaatlichen Entwicklungsgeschichte dürfte die staatspolitische Eigenbezüglichkeit öffentlicher sozialer »Fürsorge« deutlicher am Werk gewesen sein als in diesem Fall.

Generell wird man in diesem Sinne sagen können, dass die Zentralisierung, Bürokratisierung und Professionalisierung der Staatsadministration eine entscheidende Voraussetzung – zugleich aber auch ein wesentlicher Effekt – sozialpolitischer Aufgabenübernahme und Funktionserfüllung seitens der öffentlichen Hand gewesen ist (Skowronek 1982; Evans et al. 1985). Für den Aufstieg des modernen Wohlfahrtsstaates war das Wachstum gesellschaftlich umverteilungsfähiger wirtschaftlicher Ressourcen eine notwendige, aber keineswegs hinreichende Bedingung. Erst das Wachstum auch der staatlichen Organisations- und Steuerungskapazitäten hat ein geordnetes, auf Dauer gestelltes und regelgeleitetes öffentliches Handeln in wohlfahrtspolitischer Absicht möglich gemacht. Die Rationalisierung der öffentlichen Verwaltung, die Neuordnung der Staatsfinanzen und der Aufbau einer funktionsfähigen Steueradministration, aber auch die Einrichtung einer amtlichen Statistik und damit die Generierung eines behördlich verwertbaren Wissens um und über soziale Verhältnisse stellen in diesem Zusammenhang relevante staatspolitische Innovationen dar (Rueschemeyer & Skocpol 1996).

Es liegt auf der Hand, dass die mit den sozialpolitischen Programmentwicklungen expandierende öffentliche Sozialadministration zu einem eigenständigen Interessenträger und Machtfaktor sozialstaatlich verfasster Gesellschaften geworden ist. In modernen Sozialstaaten entsteht ein komplexes, undurchschaubares Netz öffentlicher (bzw. halböffentlicher, im öffentlichen Auftrag operierender) Ämter und Behörden, Verwaltungsstäbe und Kontrollinstanzen, Dienstleistungsorganisationen und Versorgungseinrichtungen, Professionsvereinigungen und Verbandsorgane, die institutionell generierte – unmittelbar an den Erhalt oder den Ausbau des bestehenden sozialpolitischen Institutionensystems geknüpfte – Interessenlagen entwickeln. In Gesundheitsämtern und Arbeitsagenturen, Berufsgenossenschaften und Krankenhausgesellschaften, bei Sozialarbeiter/innen und Pflegediensten, Berufsschullehrer/innen und Ärzteverbänden konkretisiert und materialisiert sich – und zwar nicht nur »hinter dem Rücken« der Akteure – das systemisch-abstrakte Interesse des Sozialstaates bzw., genauer, des sozialstaatlichen Institutionensystems an sich selbst. All diese (im weitesten Sinne) Sozialprofessionellen tragen ebenso zur Stabilisierung und Selbstreproduktion des modernen sozialpolitisch-institutionellen Komplexes bei wie die – erst einmal in die Welt gesetzt fortan ein soziales Eigenleben führenden – Ansprüche und Anspruchshaltungen der sozialstaatlichen »Versorgungsklassen« (Lepsius 1979: 279 ff.), insbesondere, wie gesehen, der vom Ausbau der öffentlichen Sicherungs- und Förderungssysteme vorrangig profitierenden gesellschaftlichen Mittelschichten (Swaan 1988; Vogel 2007).

Diese, je nach Lesart, Komplementarität bzw. Komplizität institutionell generierter Loyalitäten auf der Angebots- und der Nachfrageseite der Sozialpolitik haben historisch maßgeblich zur Stabilität des sozialstaatlichen Arrangements beigetragen: Mit sozialpolitischen Programmen reagiert der Sozialstaat nicht nur auf die Forderungen gesellschaftlicher Akteure (oder auf die Erfordernisse der kapitalistischen Ökonomie), sondern er schafft sich damit zugleich (und bisweilen »ohne Not«, sprich sozio-ökonomisch unbedrängt) sein eigenes Publikum, die gesellschaftlichen Adressaten und politischen Loyalitäten, deren er zu seiner institutionellen Reproduktion bedarf. Was sich so gesehen vor den Augen des sozialwissenschaftlichen Beobachters auftut, ist eine komplexe Gemengelage und dynamische Verkopplung von sozialen Klasseninteressen auf der einen, institutionellen Eigenlogiken auf der anderen Seite: Der Sozialstaat folgt in seinen »Einrichtungen« des sozialen Handelns und gesellschaftlicher Handlungszusammenhänge einer eigenen, *autologischen* Rationalität der Sicherung und Stabilisierung seiner selbst – zugleich aber sind gesellschaftlich machtvolle Akteure eher in der Lage, ihre Interessen in die institutionellen Programmierungen des Sozialstaats einzuschreiben (bzw. sie sind eben dann mächtig, wenn ihnen diese institutionelle »Dopplung« ihrer sozialstrukturellen Macht effektiv gelingt). In diesem, der *poulantzianischen* Staatstheorie folgenden Sinne ist der Sozialstaat keineswegs als bloß neutraler Schiedsrichter des gesellschaftlichen Klassenkonflikts, ebenso wenig aber als willfähriger Spielball sozialer Interessen zu sehen und verstehen, sondern gewinnt seine unbestreitbare Staatsmacht vielmehr als eine je historisch konkrete, materielle Verdichtung gesellschaftlicher Kräfteverhältnisse (Poulantzas 1978; Jessop 2006).

Die im Staat verdichteten gesellschaftlichen Machtstrukturen sind zwar historisch durchaus variabel und wechselhaft, zeitigen jedoch, in sozialpolitisches Staatshandeln und sozialstaatliche Institutionen eingelassen, gleichwohl Langfristwirkungen. Damit sind jene politischen Rückkopplungseffekte angesprochen, auf die institutionalistische Interpretationen verweisen, wenn sie »die Schwerkraft früherer Sozialpolitik« (Conrad 1996: 160) zu einem entscheidenden Erklärungsmoment der sozialstaatlichen Entwicklung erklären. Gemeint sind damit »policy feedbacks« (Pierson 1993) der Art, dass die materiellen Ergebnisse einer (sozial)-politischen Entscheidung in den Options- und Handlungskontext historisch nachfolgender Entscheidungsprozesse eingehen und damit die spätere Entscheidungsfindung beeinflussen: »policies transform politics« (Skocpol 1992: 57 ff.). Diese Überlegung bildet auch die Grundlage des in der jüngeren Sozialstaatsforschung zunehmend prominent gewordenen Konzepts der »Pfadabhängigkeit« (»path dependence«), wonach an – jedenfalls im Nachhinein auszumachenden – historischen Wendepunkten (»critical junctures«) getroffene, kontingente (also prinzipiell auch anders mögliche) sozialpolitische Richtungsentscheidungen eine langfristig wirksame Prägekraft hinsichtlich des weiterhin verfolgten wohlfahrtsstaatlichen Entwicklungspfades ausüben (Borchert 1998; Mahoney 2000; Pierson 2000). Die institutionelle Ursprungsentscheidung etwa für eine öffentliche Pflichtversicherung anstelle einer staatlich subventionierten privaten Absicherung sozialer Risiken oder aber für eine sozialpolitische Orientierung auf Lebensstandardsicherung statt auf Armutsvermeidung – beides beispielsweise in Deutschland der Fall gewesen – präjudiziert aus dieser Sicht die nachfolgende Entwicklung des institutionellen Feldes, und zwar aus unterschiedlichsten Gründen: etwa weil sich, wie bereits angedeutet, zahlreiche Interessen an die einmal etablierte Struktur dieses Sicherungssystems anlagern; weil die gefundene Problemlösung auf die Dauer symbolisch aufgeladen und (gegenüber möglichen Alternativen) kulturell überhöht wird; weil daher die materiellen wie immateriellen Kosten eines Systemwechsels mit der Zeit immer größer werden; weil die alltagspraktischen Gewöhnungseffekte des gesellschaftlich praktizierten politischen Umgangs mit sozialen Problemen systemverstetigend zu Buche schlagen; und nicht zuletzt weil sich die Institutionenbildungsprozesse in verschiedenen politischen Handlungsfeldern und gesellschaftlichen Lebensbereichen wechselseitig aneinander ausrichten, es mithin zu komplexen institutionellen Komplementaritäten von Produktions-, Arbeits-, Bildungs- und Wohlfahrtsregimen kommt, die sich im Endeffekt in ihrer Konstruktions- und Funktionslogik gegenseitig ergänzen und stabilisieren (Rieger 1992; Ebbinghaus & Manow 2001).

Schließlich gehört es zu einer staatszentrierten Perspektive auf den Sozialstaat, auch die intergouvernementale Dimension des Staatenwettbewerbs als Triebkraft sozialpolitischer Entwicklung in Rechnung zu stellen. So werden im Kontext institutionalistischer Erklärungen etwa schon die Anfänge sozialstaatlicher Politik in Beziehung gesetzt zu historischen Prozessen der Abgrenzung und Konsolidierung des (europäischen) Territorialstaats im internationalen Staatenkonzert (Tilly 1975) bzw. der moderne Krieg – und allen voran die (europäische) Erfahrung der beiden »totalen« Kriege des 20. Jahrhunderts – wird als Motor sozialstaatlicher Expansion beschrieben (Titmuss 1955; Haferkamp 2000). Auf die jüngere Vergangenheit und Gegenwart bezogen werden Strukturen und Prozesse der Weltmarktverflechtung, der »Offenheit« nationaler Ökonomien und der Ausweitung wirtschaftlicher Handlungsräume für die Institutionalisierung und den Wandel nationalstaatlicher Wohlfahrtsarrangements verantwortlich gemacht (Katzenstein 1985; Rieger & Leibfried 2001; Münch 2009), und es wird auf die Bedeutsamkeit institutioneller Lernprozesse und Konvergenzen über Staatsgrenzen hinweg verwiesen – von den frühen internationalen Studienreisen sozialpolitischer Experten(kommissionen) über die transnationale Adaptation sozialpolitischer Programmatiken in der »neokonservativen« Ära der 1980er Jahre bis hin zu den in jüngster Zeit institutionalisierten Prozessen des sozialpolitischen »Benchmarking« im Kontext der Europäischen Union (Borchert 1995; Trampusch 2000; Saari & Kvist 2007).

## 3.4 Geschlechterverhältnisse

Feministische bzw. *gender*-soziologische Ansätze haben erst relativ spät, dafür dann aber umso stärker die sozialpolitikwissenschaftliche Theoriebildung beeinflusst. Den entscheidenden Schub für eine breite Rezeption entsprechender Perspektiven lieferte die Reaktion feministischer Kritikerinnen auf jene Konzeption staatlicher »Wohlfahrtsregime«, die mit Gøsta Esping-Andersens modernem Klassiker *The Three Worlds of Welfare Capitalism* (1990) in der internationalen *scientific community* äußerst prominent geworden war (und durchaus geblieben ist). Seither hat sich die geschlechterpolitische Perspektive in der Sozialstaatsforschung nachhaltig etabliert, zwischenzeitlich ließ sich sogar mit einigem Recht behaupten, dass »gendering welfare states [...] has moved to the top of the research agenda« (Sainsbury 1994: 150).

Das Konzept wohlfahrtsstaatlicher »Regime« ist im Kontext des oben eingeführten Machtressourcenansatzes zu verorten und bezieht sich auf den Bedingungs- und Beeinflussungszusammenhang der politischen Regulierung von Arbeitsmarkt und sozialen Sicherungssystemen: »regimes are the specific institutional arrangements adopted by societies in the pursuit of work and welfare« (Esping-Andersen 1987a: 6). Aus Esping-Andersens Sicht – zumindest seines Frühwerks – stehen Arbeit und Wohlfahrt in der kapitalistischen Ökonomie in einem Verhältnis antagonistischer Komplementarität zueinander: Zwingt die Marktvergesellschaftung den Menschen zum Verkauf seiner Arbeitskraft – diese wird damit zur Ware, Arbeit zu Lohnarbeit, die Person mit ihrem Arbeitsvermögen verwarenförmlicht, sprich »kommodifiziert« –, so stellt staatliche Sozialpolitik das konträre Prinzip ent-kommodifizierender Intervention dar: Bestimmte Personen oder Personengruppen werden zeitweilig oder dauerhaft aus dem Zwang zur Lohnarbeit entlassen und stattdessen mit einem marktexternen Einkommen versorgt. Dekommodifizierende Sozialpolitik ist also gleichbedeutend mit der Errichtung legitimer materieller »Auffangpositionen« (Lenhardt & Offe 1977: 106) jenseits des Arbeitsmarkts: »As an objective of social policy, de-commodification can be defined as the extent to which individuals and families can maintain a normal and socially acceptable standard of living regardless of their market performance.« (Esping-Andersen 1987b: 86; vgl. Esping-Andersen 1990: 23)

Die Kritik an Esping-Andersens Ansatz bezog sich nicht nur auf dessen methodische Vorgehensweise bei der Konstruktion unterschiedlicher wohlfahrtsstaatlicher Regimetypen – des »sozialdemokratischen«, »liberalen« und »konservativen« Modells – entlang der Frage ihrer stärkeren oder schwächeren Dekommodifizierungseffekte (Esping-Andersen 1990: 35 ff.; vgl. Scruggs 2007). Vielmehr richtete sie sich, grundsätzlicher, auf die spezifische Konzeption von sozialen Rechten *auf Marktunabhängigkeit* als definitorischem Merkmal und konstitutivem Kern des modernen Sozialstaats – eine kritische Debatte, die wenn auch nicht nur (Rieger 1998), so doch maßgeblich aus geschlechtersoziologischer Perspektive geführt wurde. Im Wesentlichen ging es dabei um die Erkenntnis, dass entsprechenden Konzeptionalisierungen von Sozialstaatlichkeit implizit ein ganz bestimmtes, nämlich genuin *männliches* Rollen-, Lebens- und Lebenslaufmodell der Kommodifizierung der Arbeitskraft und daraus resultierender Ansprüche auf Dekommodifizierung zugrunde liegt. Arbeitskraft wird über ihre Vermarktlichung in Lohnarbeit überführt und durch sozialpolitische Intervention in gesicherte Nicht-Lohnarbeit verwandelt: Hinter dieser theoretischen Vorstellung steckt erkennbar die lebenspraktische Realität des durchschnittlichen, männlichen (zudem: weißen – und verheirateten) Arbeitnehmers im industriellen Kapitalismus. Nicht jedem – und vor allen Dingen nicht jeder – gleichermaßen steht allerdings individualbiografisch der Weg hinaus in den rauen Wind des Marktgeschehens und von dort aus in das warme Nest marktenthobener Sicherungsinstitutionen offen. Die Chancen auf ein entsprechendes Lebensführungsmodell der – in der Regel sequenziellen: erst die Lohnarbeit, dann das Sozialvergnügen – Verkopplung von »work and welfare« sind vielmehr sozialstrukturell ungleich verteilt. Sie sind zudem und insbesondere *relationaler* – und darin geschlechtsspezifischer – Natur: Die guten Chancen der *Einen* auf eine »normale« Lohnarbeiterexistenz mit lohnarbeitsbedingten Sozialleistungsansprüchen beruhen strukturell auf den schlechten Chancen der *Anderen*, einen solchen Lebensentwurf zu realisieren – und umgekehrt (Lessenich 1998: 98 ff.). Eine Hand wäscht die andere – aber während die eine schweißt und schraubt, wäscht (und kocht und pflegt und erzieht) die andere tatsächlich, und zwar nicht im Betrieb, sondern zu Hause. Mit Esping-Andersens »individuals and families«, die über dekommodifizierte Lohnarbeit einen »normalen« und gesellschaftlich annehmbaren Lebensstandard zu sichern vermögen, sind somit tatsächlich *Männer* und deren Familien gemeint, ohne dass dies jedoch theoretisch hinlänglich reflektiert und eingeholt würde (Fraser 1994).

Die frühe sozialstaatliche Regimeforschung folgt damit einer einseitigen und letztlich – gegen ihren eigenen Anspruch – individualistischen Perspektive. Auf der Makroebene blendet sie den gesamten Bereich der geschlechterspezifisch zugewiesenen (und nicht nur im normativen Sinne »gesellschaftlich notwendigen«, sondern auch in systemischer Hinsicht funktional unverzichtbaren) Reproduktionsarbeit aus. Auf der Mikroebene konstruiert sie den männlichen Lohnarbeitenden als Erwerbsarbeits- und Sozialrechtsmonade, die er aber praktisch keineswegs ist. Und auf Mesoebene geraten ihr im Übrigen nicht zufällig eben diejenigen Organisationen – Arbeiterparteien und Gewerkschaftsbewegung – als historisch wirkmächtige sozialpolitische Akteure in den Blick, deren Programmatik und Praxis genau dieselbe gesellschaftspolitische Blickverengung eingeschrieben ist. Vor allen Dingen aber sieht bzw. berücksichtigt sie in ihrer Theoriebildung nicht, dass der Sozialstaat *selbst* ein entscheidendes Instrument der politischen Konstitution und institutionellen Reproduktion des industriegesellschaftlichen Systems geschlechtsspezifisch ungleicher Lebenslagen und Lebenschancen ist.

Eine konstruktive Kritik des »männlichen Blicks« auf den Sozialstaat setzt soziologisch, wie bereits angedeutet, an der gesellschaftlichen Realität relationaler Machtverhältnisse an. »In a society, no such thing as an unrelated individual may exist« (Donati 1995: 157) – und entsprechend sozial voraussetzungsvoll wie folgenreich ist die sozialwissenschaftliche Konzeption (und sozialpolitische Praxis) moderner »citizenship« als öffentliche Vergabe und Garantie individueller Rechte auf Marktbefreiung (Leira & Saraceno 2002; Lewis & Giullari 2005). Mit der marktgesellschaftlich-sozialstaatlichen Zuordnung der Geschlechter zum (männlichen) »öffentlichen« bzw. (weiblichen) »privaten« Bereich der Verausgabung von Arbeitsvermögen und der daran anknüpfenden Zuweisung differenter Statuspositionen sind strukturelle Machtasymmetrien verbunden, die nicht zuletzt deswegen von nachhaltiger Bedeutung sind, weil sie einer zirkulären, selbstverstärkenden Logik folgen: Die jeweilige Stellung im institutionell abgesicherten, »ge-*gender*-ten« System gesellschaftlicher Arbeitsteilung korreliert mit der größeren oder geringeren Chance, die jeweiligen – geschlechtsspezifischen – Positionsinteressen in den Programmstrukturen und Operationsmechanismen des Sozialstaats zu verankern. Einfacher gesagt: Die Marktschreier des lohnarbeitszentrierten und eben darin »patriarchalen« Wohlfahrtsstaats (Pateman 1989) sind selbst ihre besten Kunden.

Die feministische Forschung hat auf die fundamentale Einsicht, dass Männer und Frauen im Sozialstaat nicht in gleicher

Weise vergesellschaftet sind – »different social groups and, crucially, different gender categories, have different relationships with the processes of commodification and decommodification« (Langan & Ostner 1991: 130; Knijn & Ostner 2002) –, in zweifacher Weise reagiert. *Zum einen* – normativ – mit einer Erweiterung der Gütekriterien, die an eine (»wirklich«) moderne Sozialstaatlichkeit anzulegen wären: Die Fixierung auf die Dekommodifizierung müsse demnach zugunsten eines umfassenderen Konzepts von persönlicher Unabhängigkeit aufgegeben werden, das sich nicht nur auf die Befreiung von Marktzwängen, sondern ebenso sehr auf die Ablösung von *Familien- und Haushaltspflichten* zu beziehen habe (O'Connor 1993; Orloff 1993); und *zum anderen*, analytisch daran anschließend, mit einer Erweiterung des kategorialen Instrumentariums zur (vergleichenden) Untersuchung real existierender Sozialstaaten. Diesbezüglich hat sich die Forschung insbesondere mit der Frage beschäftigt, in welcher Form und in welchem Maße die Idee bzw. Ideologie des *male breadwinner* – also vom (Ehe-)Mann als marktaktivem Lohnbezieher und Familienernährer – Eingang in die regulativen Normalitätsannahmen und institutionellen Strukturbildungen einzelner Sozialstaaten gefunden haben (Langan & Ostner 1991; Lewis 1992, 2001). Die entsprechende, entlang der Doppelfrage »who works – and who cares?« betriebene kategoriale Analyse unterschiedlicher, mehr oder weniger geschlechtergerechter Sozialpolitiken mündete in eigenen, quer zu Esping-Andersens Regimetypen-Unterscheidung liegenden Modellierungen sozialstaatlicher Arrangements (Ostner 1995; Sainsbury 1996; Lewis 2004).

In diesem Sinne stellt sich etwa der deutsche Sozialstaat als institutioneller Freund und Förderer eines »starken Ernährermodells« dar. Von Anbeginn an als Arbeiterversicherungsstaat konstruiert und damit auf die Arbeits- und Sozialinteressen männlicher »Kernbelegschaften« im industriellen Sektor zugeschnitten, war die Sozialpolitik über Jahrzehnte (und damit über die unterschiedlichsten politischen Regime) hinweg durch ein patriarchalisches Geschlechterrollenverständnis geprägt und von daher – jenseits von kriegs- und nachkriegsbedingten Notlagen – eher die Verhinderung denn die Förderung von Frauen- und zumal Müttererwerbstätigkeit Programm. Die sozialpolitische »Mutterschaftsideologie« (Schulz 1998: 123), die sich nach dem Zweiten Weltkrieg nicht zuletzt in Reaktion auf die kriegswirtschaftliche Mobilisierung weiblicher Arbeitskraft in der Endphase des Nationalsozialismus parteiübergreifend reetablierte, führte allerdings nicht zur Institutionalisierung eines eigenständigen, zweiten »Kanals« sozialer Sicherung neben dem lohnarbeitszentrierten Regime (wie dies etwa für den US-amerikanischen Wohlfahrtsstaat strukturprägend war; vgl. Nelson 1990). Vielmehr wurden vom Lohnarbeits- bzw. Sicherungsstatus des Ehemanns abgeleitete Sozialleistungen für Frauen und Familienangehörige – von deren »Mitversicherung« in der Gesetzlichen Krankenversicherung bis hin zur anteilig zur Alterssicherung des »Ernährers« berechneten Rente verwitweter Arbeitnehmergattinnen – zum Strukturmerkmal des (west)deutschen Sozialstaatsmodells der Nachkriegszeit. In Verbindung mit einem zumindest die Vollzeiterwerbstätigkeit weiblicher Ehepartner negativ anreizenden Lohn- und Einkommenssteuerrecht ergab sich in diesem sozialpolitischen Kontext eine deutlich benachteiligte, feministischerseits schon früh kritisierte Versorgungsposition von – zumal älteren und geschiedenen – Frauen gegenüber ihren Partnern und Altersgenossen männlichen Geschlechts (Riedmüller 1984; Gerhard et al. 1988). Im Gegensatz zum nicht weniger erwerbszentrierten, darin aber »frauenfreundlichen« bzw. müttersensiblen Wohlfahrtsstaat skandinavischer Prägung (Kulawik 1999; Kolbe 2002) gilt bzw. galt der deutsche Sozialstaat daher in vergleichender Perspektive lange Zeit als institutionelle Be- und Verhinderungsmaschinerie von

Frauenerwerbstätigkeit, Mütterberufstätigkeit und weiblicher Unabhängigkeit.

Bemerkenswerterweise hat Esping-Andersen selbst, nach einem guten Jahrzehnt kritisch-feministischer Auseinandersetzung mit seinem Ansatz, konzeptionell reagiert und gewissermaßen die *Care*-Seite von Markt und Staat – die Familie bzw. den Haushalt als Ort sozialer Wohlfahrtsproduktion und Faktor gesellschaftlicher Solidaritätspraktiken – systematisch in seine Überlegungen einbezogen (Esping-Andersen 1999). In seinem jüngeren Werk übernimmt er das explizit entlang der Dekommodifizierungs-Kategorie entwickelte feministische Konzept der Defamilisierung – »de-familisation is about the terms and conditions under which people engage in families, and the extent to which they can uphold an acceptable standard of living independently of (patriarchal) ›family‹ participation« (McLaughlin & Glendinning 1994: 65) – als integralen Bestandteil seiner eigenen Theoriebildung. Unter leicht verändertem (und verlängertem) Namen wird ihm die »de-familialization« – »yet another admittedly awkward word« (Esping-Andersen 1999: 45) – zur zweiten, gleichberechtigten analytischen Dimension neben der »de-commodification«: Neben der sozialstaatlich vermittelten *Marktunabhängigkeit* wird (auch) ihm nun die sozialpolitische Garantie von *Familienunabhängigkeit* zum zentralen Untersuchungs- und Bewertungskriterium des zeitgenössischen – und eines zeitgemäßen – Sozialstaats. Seither richtet sich die Aufmerksamkeit nicht mehr nur feministischer Forscherinnen, sondern zunehmend auch des sozialpolitikwissenschaftlichen *malestream* auf die Analyse und Evaluation von »policies that lessen individuals' reliance on the family; that maximize individuals' command of economic resources independently of familial or conjugal reciprocities« (ebd.). Die bewährte Trias »sozialdemokratischer«, »liberaler« und »konservativer« Wohlfahrtsregime sieht der wohl bedeutendste Sozialstaatsforscher der vergangenen Jahrzehnte durch die geschlechterpolitische Aufklärung seines Ansatzes allerdings eher bestätigt denn infrage gestellt – ebenso wie die Einschätzung des geschlechtertraditionellen Ernährermodells »konservativer« Sozialstaaten (z.B. der Bundesrepublik Deutschland) als gerechtigkeitspolitisches Fiasko und wettbewerbspolitisches Manko, das es mit einer gezielten, dem Wandel zur Dienstleistungsgesellschaft Rechnung tragenden Sozialinvestitionsstrategie in das Humankapital und Erwerbspotenzial von Frauen zu überwinden gelte (Esping-Andersen 1996a, 2002a).

Das Konzept der Defamilialisierung (bzw. der Familialisierung als Bezeichnung für die gegenläufige Tendenz zur »Fesselung« weiblichen Arbeits- und Sorgevermögens an Haushalt und Familie) ist allerdings seinerseits als theoretisch zu eindimensional kritisiert sowie in empirisch-vergleichenden Analysen weiter ausdifferenziert worden (Leitner 2003; Kremer 2007). In unserem Zusammenhang von Interesse ist dabei insbesondere die (Anti-) Kritik an einer schlichten Gleichsetzung von – über Defamilialisierung, also die Entledigung von Familienpflichten, ermöglichter – *Kommodifizierung* der Arbeitskraft von Frauen mit weiblicher *Unabhängigkeit*. Dies stellt einen offensichtlichen theoretischen Kurzschluss dar, wohingegen aus einer angemessen komplexen Perspektive auch die Idee von »(Un-)Abhängigkeit« relational-machtbezogen zu denken ist (Gordon & Fraser 1994; Leitner & Lessenich 2007). Was für eine individualistische Konzeption von sozialstaatlich ermöglichter Marktbefreiung gilt, trifft umgekehrt in gleicher Weise auf sozialpolitische Prozesse einer scheinbar individualisierenden »Familienbefreiung« zu: Stets müssen die Beziehungsstrukturen, *trade-offs* und Unvereinbarkeiten zwischen ökonomischer Unabhängigkeit (bei Esping-Andersen wie in nicht wenigen feministisch argumentierenden Analysen der Haupt-, wenn nicht alleinige Fokus des Interesses) von Frauen einerseits, ihrer sozialen Unabhängigkeit (im Sinne der Möglichkeiten und Grenzen einer Durchbrechung der geschlechtsspezifischen Arbeitsteilung im Haushalt) andererseits in Rechnung gestellt werden. Stets muss im Übrigen auch die Perspektive der zu ver- und umsorgenden, zuwendungs- und mitteilungsbedürftigen, erziehungs- bzw. pflegeabhängigen Kinder und Alten mit einbezogen werden, denn die Frage »weiblicher Unabhängigkeit« ist auch eine Frage der möglichen (Selbst-)Autonomisierung von den Ansprüchen und Erwartungen dieser Dritten und Vierten im Familienhaushaltsbunde (Knijn & Kremer 1997; Leira & Saraceno 2002). Auf dem Weg eines solchermaßen erweiterten feministischen Ansatzes ist dann nicht allein die interessen- und machtpolitische Stellung von »Frauen« (oder gar »der Frau«) im Sozialstaat von Interesse (Hernes 1987), sondern es erschließen sich darüber hinaus komplexe sozial- und gesellschaftspolitische Fragen des »collective well-being of women, men and children being part of a social collectivity of care givers and care receivers« (Leitner & Lessenich 2007: 259) – einschließlich der Problematik transnationaler Sorgearbeitsverhältnisse (»global care chains«; vgl. Yeates 2004; Lutz 2007) und ihrer Implikationen für die Beziehungsmuster und Machtverhältnisse zwischen den Geschlechtern wie unter den Frauen selbst.

## 3.5 Ideen

Ideenpolitische Ansätze zur Erklärung sozialstaatlicher Entwicklung haben in jüngster Zeit zunehmend an Bedeutung gewonnen – auch wenn der »cultural turn« die (zumindest deutschsprachige) Wohlfahrtsstaatsforschung erst relativ spät erreicht hat (Münnich 2011a). Allerdings kündet schon die von Esping-Andersen (1990) popularisierte und mittlerweile gängige Unterscheidung (mindestens) dreier »Welten des Wohlfahrtskapitalismus« (Lessenich & Ostner 1998) durchaus von der wachsenden Relevanz, die den ideellen Grundlagen sozialstaatlichen Handelns zugeschrieben wird. Für Esping-Andersen sind es nämlich unterschiedliche – genauer: konkurrierende – normative politische Philosophien, die hinter der historischen Ausprägung eines »liberalen«, »konservativen« und »sozialdemokratischen« Typus moderner Wohlfahrtsstaatlichkeit stehen. Im historischen Streit politischer Parteien und Positionen um den Sozialstaat, dessen Aufgaben, Kompetenzen und Ressourcen, ging es demnach nicht allein (und nicht einmal vorrangig) um rein quantitative Fragen von »mehr« oder »weniger« Sozialpolitik, eines höheren oder niedrigeren öffentlichen Sozialhaushalts: »It is difficult to imagine that anyone struggled for spending *per se*.« (Esping-Andersen 1990: 21; Hervorhebung im Original) Vielmehr kämpften die sozialpolitisch relevanten Akteure, vorder- oder hintergründig, für die Realisierung je spezifischer sozialpolitischer Ordnungsideen, für die politische Umsetzung je eigener Vorstellungen von der Gestaltung der Gesellschaft: für (»mehr«) Freiheit, Gleichheit oder Sicherheit, für (oder eben gegen) Ideen wie die gesellschaftliche Herrschaft marktförmiger Allokationsmechanismen, die politische Aufrechterhaltung sozialer Statushierarchien oder die soziale Emanzipation und Autonomie des Individuums.

Nur am Rande bemerkt: Auch heute noch wird man eben dies den sozialpolitisch handelnden Personen unbedingt zugestehen dürfen und müssen – dass sie nämlich, so machtorientiert und selbstinteressiert sie als politische Akteure einerseits auch sein mögen (und angesichts der Rationalitätsstrukturen ihres spezifischen Handlungskontextes auch sein müssen), in ihren politischen Aktivitäten andererseits durchaus einen normativ bestimmten Kampf für (man wagt es kaum zu sagen) »eine andere Gesellschaft« führen. Diese Annahme entspricht nicht nur einem realistischen soziologischen Bild vom politischen Handeln sozialer Akteure. Sie ist auch unbedingt notwendig, wenn man Gesellschaftskritik nicht als hilflose Verurteilung unabänderlicher gesellschaftlicher Verhältnisse (oder gar »des Systems«) betreiben will, sondern als – ihrerseits auf Veränderung zielende – soziologische Analyse eines historisch-konkreten sozial-politischen Handelns, das als solches nicht zwingend, sondern grundsätzlich kontingent, also immer auch anders denkbar ist und potenziell auch anders praktizierbar wäre. Doch dazu am Ende dieses Buches mehr – und zurück zur sozialpolitischen Macht der Ideen.

Auf die soziale Handlungswirksamkeit von Ideen hat nachhaltig Max Weber mit seinem berühmten »Weichensteller«-Bild hingewiesen. Sicher: Ideen *allein* verändern nicht die Welt, sie bedürfen dazu des – in der Weber'schen Terminologie – wertbezogenen Handelns von zugleich und womöglich sogar primär interessengeleiteten Akteuren: »Ideen sind interessenbezogen, sie konkretisieren sich an Interessenlagen und erhalten durch diese Deutungsmacht.« (Lepsius 1990: 7) Anders ausgedrückt: Es ist schwer vorstellbar, dass irgendein politischer Akteur historisch für eine Idee *an sich* gekämpft haben sollte; der sozialpolitische Kampf für die Freiheit (oder wahlweise Gleichheit, Sicherheit usw.) ist kein bloß »ideelles« Unterfangen, sondern immer auch interessenbestimmt. Aber umgekehrt gilt auch, dass Interessen in der realen sozialen Welt ebenso wenig *als solche*, gewissermaßen in reiner Form, durchgesetzt werden können: »Interessen sind ideenbezogen, sie bedürfen eines Wertbezuges für die Formulierung ihrer Ziele und für die Rechtfertigung der Mittel, mit denen diese Ziele verfolgt werden.« (Ebd.; vgl. Münnich 2011b) Unter Bedingungen gesellschaftlicher Modernität ist kaum je ein politischer Akteur mit dem politischen Programm an die Macht gekommen (und dort geblieben), bloß an die Macht kommen (und dort bleiben) zu wollen. Jedenfalls in repräsentativ-demokratischen politischen Systemen gilt es für die politisch Handelnden, Machtinteressen mit einem Wertbezug auszustatten: Dann dient politisches Machtstreben und Herrschaftskalkül eben *auch* der Garantie der gesellschaftlichen Statusordnung, der Gewährleistung der Marktfreiheit, der Herstellung sozialer Gerechtigkeit oder der Durchsetzung irgendeiner anderen unter prinzipiell unendlich vielen alternativen »Wertideen«. Damit ist erkennbar mehr gemeint als nur der strategisch-instrumentelle Charakter von politischen Ideen (im Sinne schlichter »Ideen-Politik«) – ihnen kommt vielmehr eine eigenständige Bedeutung im Prozess der politischen Gestaltung gesellschaftlicher Verhältnisse zu. In Webers klassischen Worten: »Interessen (materielle und ideelle), nicht: Ideen, beherrschen unmittelbar das Handeln der Menschen. Aber: die ›Weltbilder‹, welche durch ›Ideen‹ geschaffen wurden, haben sehr oft als Weichensteller die Bahnen bestimmt, in denen die Dynamik der Interessen das Handeln fortbewegte.« (Weber 1915: 252)

Sozialpolitische Akteure haben also (oder machen sich zuallererst) ein Bild von der Welt – wie sie ihrer Ansicht nach »ist« und wie sie ihres Erachtens sein sollte bzw. wie sie, vermittelt durch ihr eigenes Handeln, werden soll (Prisching 1996). Diese Bilder aber sind im strikten Sinne keine je individuellen, sondern immer durch und durch *soziale* Vorstellungen: Die gesellschaftsgestalterischen Ideen (und Ideale) sozialpolitisch Handelnder reflektieren (und prägen ihrerseits) gesellschaftlich bestehende Deutungsmuster des Sozialen. Sozialpolitische Akteure nehmen herrschende Deutungen von sozialen »Problemen« und den ihnen angemessenen politischen »Lösungen« auf und institutionalisieren diese in Gestalt von Leitideen sozialpolitischer Programme, Einrichtungen und Interventionen (Kaufmann 2003a: 30 ff.; Lessenich 2003a: 38 ff.). Sie vermögen es aber gegebenenfalls auch, kraft ihrer institutionellen Machtressourcen und womöglich gegen soziale Widerstände, die (erneut mit Weber formuliert) Herrschaft eines bestimmten Gesichtspunkts im gesellschaftlichen Deutungshaushalt erst zu etablieren. Die entscheidenden Fragen, was eigentlich das Bezugs-»Problem« sozialpolitischen Handelns ist (z.B. die »massenhafte« Arbeitslosigkeit), wo die Ursachen desselben zu suchen sind (etwa bei der »geringen« betrieblichen Arbeitsnachfrage, der »mangelnden« Arbeitsbereitschaft der Arbeitslosen, den »überhöhten« Löhnen der Beschäftigten, dem »übermäßigen« Zustrom migrantischen Arbeitsangebots, den »unkontrollierbaren« Investitionsentscheidungen der Unternehmen usw.), wie schließlich die angemessene »Lösung« des Problems aussehen könnte – sie alle unterliegen einem permanenten gesellschaftlichen Definitionsprozess und beständigen sozialen Deutungskämpfen.

Aus diesen »hoch kontingenten politischen Auseinandersetzungen resultiert unter nationalstaatlichen Bedingungen der *idiosynkratische Charakter* wohlfahrtsstaatlicher Entwicklungen« (Kaufmann 2003a: 33; Hervorhebung im Original): Wie die »soziale Frage« ursprünglich gestellt und wie sie sozialpolitisch beantwortet wurde, welche gesellschaftlichen Deutungen sozialer Probleme und welche normativen Vorstellungen politischer Intervention vorherrschend waren, welche »institutionellen Realisierungen« (ebd.: 36) diese Deutungen und Vorstellungen schließlich in einem langwierigen und konflikthaften historischen Prozess gefunden haben, all dies stellt sich von Fall zu Fall höchst unterschiedlich dar und kann aus einer kulturalistischen Perspektive die Entstehung national spezifischer Varianten des Sozialstaats erklären (Opielka 2004: 287 ff.; Oorschot et al. 2008). Von besonderer, in der Forschung lange Zeit unterschätzter Bedeutung für nationalkulturell differente sozialpolitische Problemdiagnosen und Lösungskonzeptionen waren dabei die Soziallehren der christlichen Kirchen (Heidenheimer 1983; Kaufmann 1989). In ihrer (inter- wie intra-)konfessionell verschiedenartigen und je (partei- und verbands-)politisch vermittelten Gestalt haben sie das Gesicht bzw. die unterschiedlichen Gesichter des Sozialstaats der westlich-abendländischen Welt nachhaltig geprägt und sie tun dies – wenngleich auch heute nicht mehr auf den ersten Blick erkennbar – bis in die Gegenwart hinein (Manow 2008; Kersbergen & Manow 2009).

Generell wird man sagen können, dass ideenzentrierte Zugänge zur Erklärung sozialpolitischer Staatstätigkeit eine unverzichtbare Ergänzung im engeren Sinne interessenpolitischer und institutionalistischer Ansätze darstellen – und dass die sozialwissenschaftliche Rede von der »Macht der Ideen« allerdings mehr beinhalten muss als nur die Feststellung, dass es im sozialpolitischen Alltagsgeschäft immer auch um die Kommunizierung gesellschaftlicher Wertideen durch politische Eliten geht (Schmidt 2008; vgl. Dyk 2008). Hinter der Idee von den Ideen als Triebkräften sozialstaatlicher Entwicklung steckt mehr als bloße Rhetorik über sozialpolitische Redeweisen (Sachweh 2011): Es geht dabei um die politische Wirkmächtigkeit individueller wie gesellschaftlicher Einstellungen und Erwartungshaltungen gegenüber normativen Prinzipien wie Gleichheit und Gerechtigkeit, Solidarität und Umverteilung (Mau 2002, 2003; Ullrich 2008); um die Frage von handlungsleitenden Deutungsmustern des Sozialen und die diskursiven Mechanismen entsprechender »Paradigmenwechsel« sozialstaatlicher Regulierung (Hall 1993; Bleses & Seeleib-Kaiser 2004); schließlich um die vom Sozialstaat mit seinem operativen Wissensbedarf über das Soziale selbst initiierte und vorangetriebene »Verwissenschaftlichung des Sozialen«, die über sozialstatistisches Fakten- und politisch-akademisches Expertenwissen vermittelt die moderne sozialpolitische Regulationsweise maßgeblich mitbestimmt (Raphael 1996; Thorlindsson & Vilhjalmsson 2003).

Stärker wissenssoziologisch und sozialkonstruktivistisch fundierte Analysen von Sozialpolitik könn(t)en dafür sensibilisieren, dass der ideelle Faktor sich nicht in einem luftigen Überbau »symbolischer« Verkaufshilfen für »materiale« politische Entscheidungen erschöpft, sondern das gesamte Arrangement gesellschaftlicher Politikproduktion durchdringt und damit selbst Materialität gewinnt. »Sozialpolitik« ist immer auch *Wissenspolitik*: ein sozialer Prozess der wissensvermittelten Herstellung sozialer Realitäten und der diskursiven Konstruktion gesellschaftlich akzeptierter »Wahrheiten«, eine Regierungskunst des Denk- und Sagbaren (Landwehr 2001). Was »staatliche« Politik eigentlich meint, was »Aufgabe« des Staates ist und was nicht, was hingegen »der Markt« regeln und was in privater »Eigenverantwortung« liegen soll, wer in der Gesellschaft »Leistungsträger« ist und wer einer sozialen »Randgruppe« angehört, ob das Arbeitslosengeld, der Krankenstand oder die Lohnforderungen der Altenpflegerinnen »zu hoch« sind und die Belastung der »Arbeitgeber«, der »Versichertengemeinschaft« oder »nachwachsender Generationen« an der Grenze des »Zumutbaren« oder aber noch darunter bzw. schon jenseits derselben liegt: All diese und alle weiteren Wissensbestände werden politisch produziert und durchdringen im Prozess ihrer Institutionalisierung als soziale Selbstverständlichkeiten die Realitätswahrnehmung der sozialpolitischen Akteure und ihrer Adressat/innen (Kaufmann 1996; Cox 2001; Zimmermann 2006) – und zwar auf eine Weise, die jede optimistisch-oppositionelle Aufforderung »to think the unthinkable« als gut gemeinte, aber denkbar unrealistische Option sozial(politisch)en Handelns erscheinen lässt.

In der Wissensordnung des deutschen Sozialstaats – und des deutschen Sozialstaatsbürgers – beispielsweise sind aufgrund seiner historischen Verwurzelung in der gesellschaftspolitischen Debatte um die Bearbeitung der »Arbeiterfrage« und seit seiner

Einrichtung als Sicherungsinstanz für die fabrikarbeitenden Klassen Elemente des industrialistischen Leistungsdenkens tief und fest verankert (Kaufmann 2003c). Spätestens mit der bundesdeutschen Sozialgesetzgebung der 1950er Jahre – namentlich der »großen Rentenreform« – sind das versicherungsrechtliche Äquivalenzprinzip (die Höhe der Sozialleistungsansprüche soll sich an jener der Beitragszahlungen bemessen), das geschlechterpolitische Differenzmodell (Frauen sollen als allenfalls nach der Kinderphase teilzeiterwerbstätige Ehepartnerinnen von der Erwerbstätigkeit ihres Ernährermanns abgeleitete Leistungsansprüche genießen) und die nationalgesellschaftliche Schließungsnorm (die als Motivationsstruktur jedweder Migrationsbewegung die gezielte »Einwanderung in die Sozialsysteme« unterstellt) zum *common sense* der sozialpolitischen Diskussion in Deutschland geworden. »Leistungsloses« Sozialeinkommen, eine geschlechteregalitäre Arbeitsteilung oder die sozialpolitische Gleichstellung von Nicht-Staatsbürger/innen gelten im deutschen Sozialstaat als »systemfremd« und erscheinen den durch seine Institutionen geprägten sozialen Akteuren noch weniger angemessen und akzeptabel als etwa den Sozialstaatsbürger/innen Schwedens oder der Vereinigten Staaten. Durch Prozesse sozialpolitischer »Wissensmarktschließung« (Nullmeier & Rüb 1993: 293 ff.) hat sich eine kulturelle Hegemonie der Leistungsgerechtigkeitsidee etabliert, deren Mittelschichtszentrierung sozialintegrativ wirkt (bzw. lange Zeit gewirkt hat) und an deren Perpetuierung in klassenübergreifender »Diskurskoalition« (Nonhoff 2006: 188 ff.) die Interessenvertreter von »Kapital« und »Arbeit« gleichermaßen arbeiten (Lessenich 2010).

Die Frage der gesellschaftlichen Bedeutung sozialpolitischer Ideen – geronnen in politisch-sozialen Semantiken und Diskursen (Lessenich 2003b) – lässt sich mithin aus guten Gründen als eines der zentralen Anliegen sozialwissenschaftlicher Sozialpolitikanalyse bezeichnen. Erst ihre Verknüpfung mit materiellen Interessen in institutionellen Kontexten lässt Ideen gesellschaftlich wirkungsmächtig werden: »Aus Interessen, Ideen und Institutionen entstehen soziale Ordnungen, die die Lebensverhältnisse, die Personalität und die Wertorientierung der Menschen bestimmen.« (Lepsius 1990: 7) Nur über diese Zusammenhänge vermittelt – und gebrochen – gewinnen auch gesellschaftliche Systemfunktionen (wie ökonomische Erfordernisse) und Strukturkategorien (wie das Geschlechterverhältnis) soziale Bedeutung und Materialität. Und nur aus der Perspektive eben dieses Gesamtzusammenhangs, in der spezifischen Kombination und wechselseitigen Kontrolle der hier rekonstruierten Erklärungsansätze, lassen sich das sozialstaatliche Arrangement und dessen strukturellen Dynamiken theoretisch vollständig erfassen. »Der Kampf der Interessen, der Streit über Ideen, der Konflikt zwischen Institutionen lassen stets neue Konstellationen entstehen, die die historische Entwicklung offen halten.« (Ebd.) Der sozialpolitischen Konstellation der Gegenwart und den in ihr sich abzeichnenden Tendenzen zukünftiger sozialstaatlicher Entwicklung widmet sich das nachfolgende Kapitel.

# 4. Wohin bewegt sich der Sozialstaat?

## 4.1 Und er bewegt sich doch: Kontinuität – und Wandel

Wer von Institutionen spricht, denkt an Kontinuität, Stabilität und Dauerhaftigkeit. Institutionen richten – wie bereits mit Polanyi (1957) beschrieben – das soziale Handeln ein, regeln und verregelmäßigen es, stellen bestimmte Verhaltensmuster und Handlungszusammenhänge auf Dauer. »In an institutionalized setting, behavior is more stable and predictable« (Goodin 1996: 22), und »that very stability and predictability is, to a very large extent, precisely why we value institutionalized patterns and what it is we value in them« (ebd.). Bereits den soziologischen Klassikern galten Institutionen als »kristallisiertes Leben« (Durkheim 1895: 114), ja als »das Geformte und Erstarrte im gesellschaftlichen Leben« (Mannheim 1929: 99). Der Staat, das Recht, die Familie: Die gleichsam überzeitlichen Basisinstitutionen des modernen gesellschaftlichen Lebens orientieren das soziale Handeln der Menschen auf je spezifische Weise, richten deren alltägliche Sozialpraktiken immer wieder aufs Neue in intersubjektiv erwartbarer und nachvollziehbarer Weise ein (und aus) – im Sinne etwa staatsbürgerlicher Loyalität, rechtmäßigen Geschäftsgebarens oder innerfamilialer Solidarität. Auf diese Weise bilden sich, in klassisch-soziologischer Perspektive, über das institutionalisierte Handeln integrierte gesellschaftliche Lebensbereiche und, diese übergreifend, eine stabile »gesamtgesellschaftliche« Sozialordnung aus.

Was für Institutionen im Allgemeinen gilt, trifft auch auf den sozialstaatlichen Institutionenkomplex im Besonderen zu: Der Sozialstaat konstituiert und stabilisiert – wie gesehen – gesellschaftliche Leistungs- und Gegenleistungs-, Arbeitsteilungs- und Unterstützungs-, Status- und Geschlechterordnungen. Und auch die Sozialstaatstheorie ist zunächst einmal in der Weise »voreingestellt«, dass sie ihrem Erkenntnisobjekt einen strukturellen Kontinuitäts*bias* unterstellt: Mit seiner Stabilisierungspraxis spezifischer sozialer (Teil-)Ordnungen stabilisiert sich der Sozialstaat *als Institution* zugleich auch selbst, er verstetigt und »verewigt« seine gesellschaftsordnende Ordnung in Eigenregie. Einmal eingerichtet, halten seine Entwicklung in ihrem Lauf dann allenfalls noch externe Ereignisse (wie verlorene Kriege oder Weltwirtschaftskrisen), nicht jedoch systeminterne Akteure oder Mechanismen auf. Diese hier (allerdings nur leicht) in ihr Extrem verzerrte theoretische Sichtweise lässt sich in zwei Varianten wiederfinden, einer »starken«, deutlich minoritären, und einer »schwachen«, mittlerweile weithin etablierten.

Die *radikale Variante* argumentiert nicht mit der Selbststabilisierung institutionalisierter Handlungskontexte, sondern operiert mit der Logik der Kommunikation (und der Eigendynamik von Anschlusskommunikationen) in demokratischen politischen Systemen (Kaube 2003). In Niklas Luhmanns Sicht ist der Sozialstaat ein Musterbeispiel seiner Theorie selbstreferenzieller sozialer Systeme. Auf die Einbeziehung tendenziell aller Staatsbürger/innen in das Funktionssystem politischer Loyalitäts-/Leistungs-Beziehungen angelegt – »Wohlfahrtsstaat, das ist realisierte politische Inklusion« (Luhmann 1981: 27) –, haben seine Leistungsangebote keine systemische Grenze. Unter Bedingungen demokratischer Politik steigt die gesellschaftliche Sensibilität für materiale Ungleichbehandlungen und relative Benachteiligungen, die politische Kompensation derselben aber ruft wiederum an anderer

Stelle geradezu zwangsläufig Forderungen nach »gerechtem« Ausgleich jener Kompensation hervor: »Wenn alles kompensiert werden muß, dann auch das Kompensieren.« (Ebd.: 8) Anspruchssemantik und Kompensationslogik ergänzen und verstärken sich in diesem Bild eines »mit Selbstantrieb ausgestatteten, automobilen Wohlfahrtsstaates« (ebd.: 15) wechselseitig, die Menge sozial politisierbarer Umstände und Sachverhalte strebt gen unendlich, die Politik wird zum »Letztadressat für alle ungelöst bleibenden Probleme« (ebd.: 155) – wenn und soweit sie sich ihre Probleme und Adressatengruppen nicht gleich selbst schafft. Der Sozialstaat ist demzufolge ein endlos vor sich hin prozessierendes, geschlossenes System politischer »Selbststimulation« (Luhmann 2000: 425), gesellschaftliche Wohlfahrt eine beliebig strapazierbare »Wunschformel« (ebd.: 365) zur permanenten Expansion sozialpolitischer Intervention.

Die deutlich weniger hermetisch (und polemisch) gehaltene, zudem empirisch grundierte und (nicht zuletzt daher) zumindest zwischenzeitlich *mehrheitsfähige Variante* der sozialpolitikwissenschaftlichen Kontinuitätserzählung entstammt der struktur- und akteurstheoretische Perspektiven verknüpfenden Schule des »Historischen Institutionalismus« (Thelen & Steinmo 1992). Historisch-institutionalistische Studien betonen die maßgebliche Bedeutung institutioneller Grundsatzentscheidungen politischer Akteure in »formativen Phasen« bzw. an kritischen »Weggabelungen« konkreter sozialstaatlicher Entwicklungsprozesse: Die in diesen spezifischen raum-zeitlichen Konstellationen getroffene, kontingente – sprich: nicht vorherbestimmte und somit prinzipiell »offene«, gleichwohl aber doch an den je konkreten Handlungskontext der Akteure gebundene – Handlungswahl präjudiziert und präformiert demnach alle weiteren Wahlhandlungen der Akteure selbst sowie aller ihnen nachfolgenden Akteure. Deren Handlungsspielraum und Optionskorridor ist durch die sozialpolitische »Urwahl« eingeschränkt, sie befinden sich auf einem nicht selbstgewählten und nicht mehr frei gestaltbaren, sondern vorgefundenen und vorgezeichneten Handlungspfad. Das damit angesprochene, ursprünglich aus der Wirtschaftsgeschichte (Paul 2001) stammende Theorem der »Pfadabhängigkeit« ist in den 1990er Jahren rasch zu einem – wenn nicht *dem* – Standardinstrument der Erklärung sozialstaatlicher Entwicklungs- bzw. Nichtentwicklungsprozesse geworden (Mahoney 2000; Pierson 2004: 17 ff.): Die bestehende, historisch rekonstruierbare Logik institutioneller Arrangements bindet auf lange Sicht das Handeln sozialpolitischer Entscheidungsträger – vermittelt über positive Rückkopplungseffekte (das Prinzip zunehmender Erträge einer einmal gefundenen und eingespielten Lösung) und negative Handlungsanreize (das Prinzip steigender Transaktionskosten bei einem möglichen Pfadwechsel) einerseits, die Macht der (an den Fortbestand der Institution gekoppelten) Interessen und der (in die Selbstbeschreibung der Institution eingelassenen) Ideen andererseits. Für die historisch-soziologische wie die international vergleichende Forschung war damit ein methodisch gesicherter Weg gefunden »for understanding policy continuities over time within countries and policy variations across countries« (Thelen & Steinmo 1992: 10).

Gegenüber dem »institutionellen Determinismus« des Pfadabhängigkeitskonzepts und den dadurch inspirierten, zeitweilig gängigen Diagnosen sozialpolitischer Kontinuität und einer strukturellen Stabilität der sozialstaatlichen Formation auch über allfällige Krisen hinweg (Esping-Andersen 1996b; Pierson 2001) regte sich allerdings in der Sozialstaatsforschung mit der Zeit auch Unmut. Und dies nicht nur angesichts der Unwahrscheinlichkeit wirklich auf Dauer gestellter, dauerhaft »geltender« institutioneller Arrangements, die zunehmend theoretische Zweifel an Konzepten aufkommen ließ, denen zufolge sich deren Wandel nur schwerlich »von innen« heraus, durch endogene Prozesse, vollziehen kann (Borchert 1998; Crouch & Farrell 2004; Beyer 2006). Es waren insbesondere auch die empirisch feststellbaren Umbrüche in den als institutionell besonders träge und »reformunfähig« geltenden kontinentaleuropäischen (»konservativen«) Wohlfahrtsstaaten, welche die sozialwissenschaftlich populäre Vorstellung von der »institutional ›stickiness‹« (Pierson 2001: 414 ff.) und das zwischenzeitlich – auch politisch – vorherrschende Bild einer »›frozen‹ welfare state landscape« (Esping-Andersen 1996b: 24) zum Bröckeln brachten. Entsprechend häufiger wurden die Versuche, Kontinuität und Wandel der sozialstaatlichen Institutionenordnung dialektisch zusammenzudenken (Lessenich 2003a) und den Wandel in der Kontinuität zum (und als) »Normalfall« institutioneller Praxis zu erklären (Palier 2000; Lessenich 2005; Palier & Martin 2008).

Eine auch für die Sozialstaatsforschung hilfreiche Taxonomie unterscheidet fünf Spielarten des graduellen Wandels in institutionellen Kontexten (Streeck & Thelen 2005: 18 ff.; vgl. Hacker 2005): (a) die Verdrängung herrschender Institutionen durch historisch verworfene, aber gleichwohl noch lebendige, gleichsam »schlummernde« institutionelle Alternativen (»displacement«); (b) die Überlagerung bestehender durch neue, die alte institutionelle Struktur »überwuchernde« Institutionen (»layering«); (c) die gewissermaßen »passiv aggressive« politische Duldung einer zunehmenden Entkopplung vorhandener Institutionen von den Realitäten der sozialen Lebenswelt (»drift«); (d) die »Umpolung« bestehender Institutionen auf neue Ziele und Funktionen (»conversion«); und (e) die schleichende Erschöpfung einer Institution durch Überdehnung ihres Geltungsbereichs oder Erosion ihres Ressourcenbestands (»exhaustion«). Die entscheidende Pointe dieses Klassifikationsschemas liegt darin, dass alle genannten Varianten institutioneller Dynamik Prozesse von »gradual but nevertheless transformative change« (Streeck & Thelen 2005: 19) bezeichnen.

Diese Spezifizierung – es geht in jedem der fünf Fälle um Formen eines Wandels, der langsam, aber gewaltig kommt (Pierson 2003) – ist deswegen von zentraler Bedeutung, weil die gegenwärtigen, seit nunmehr zwei Jahrzehnten anhaltenden und sich seither zunehmend beschleunigenden Tendenzen zur »Liberalisierung« der Sozialpolitik in der Tat auf nicht weniger als eine *Transformation* der sozialstaatlichen Formation, auf einen veritablen »Paradigmenwechsel« (Münch 2009: 135 ff.) in der Sozialordnung des demokratischen Wohlfahrtskapitalismus hinauslaufen. Offenkundig besteht hier eine gewisse Wahlverwandtschaft zwischen Inhalt und Form sozialstaatlichen Wandels: »Nonliberal reforms in a market economy« – die klassischen Sozialstaatsinterventionen vom Ende des 19. bis ins letzte Drittel des 20. Jahrhunderts also – »seem to require ›political moments‹ in which strong governments create and enforce rules that individual actors have to follow, even if they would on their own prefer not to do so. Liberalization, by comparison, can often proceed without political mobilization, simply by encouraging or tolerating self-interested subversion of collective institutions from below, or by unleashing individual interests and the subversive intelligence of self-interested actors bent on maximizing their utilities.« (Streeck & Thelen 2005: 33)

Kurz gesagt: Politiken zum *Aufbau* sozialstaatlicher Institutionen, zur Herstellung öffentlicher Güter und zur Organisation kollektiven Sozialschutzes bedürfen »harter Arbeit« und des offensiven Einsatzes gesellschaftlicher Machtressourcen – deren politisch gewollte *Erosion* hingegen einfach eines regulativen Attentismus, einer in gewissem Sinne anti-politischen Steuerung »by default: by letting things happen that are happening anyway« (ebd.). In den folgenden Abschnitten soll dem gegenwärtig sich vollziehenden »gradual yet transformative change« (ebd.) sozialstaatlicher Politik, analytisch auf vier (so die Behauptung) wesentliche Teilprozesse reduziert, genauer nachgegangen werden – allerdings in durch den Einführungszweck des vorliegenden Bandes gebotener Kürze.

## 4.2 Ökonomisierung

Was bei Streeck und Thelen als »Liberalisierung« firmiert – der Wandel von einer politisch »organisierten« zu einer »desorganisierten« Form des Kapitalismus durch Befreiung der wirtschaftlichen Akteure von vormals bestehenden institutionellen Zwängen und Begrenzungen (Streeck 2009: 149 ff.; vgl. Offe 1985; Lash & Urry 1987) – soll hier, bezogen auf das Feld im engeren Sinne sozialpolitischer Regulierung, als strukturelle Tendenz zur *Ökonomisierung* bezeichnet werden. Mit diesem Begriff wird die gegenwärtig sich vollziehende Transformation des Sozialstaats zum einen zeitdiagnostisch in einen weiteren Kontext gesellschaftlicher Umbrüche gestellt, die allesamt dadurch charakterisiert sind, dass sich Gegenstandsbereich und Geltungsanspruch des Ökonomischen systematisch und umfassend erweitern: »Die Ökonomie gilt nicht mehr als *ein* gesellschaftlicher Bereich mit spezifischer Rationalität, [...] sie besteht vielmehr aus der Gesamtheit menschlichen Handelns« (Lemke et al. 2000: 16; Hervorhebung im Original) – welches in seiner Gesamtheit spezifisch ökonomischen Rationalitätskriterien unterworfen wird (Schimank 2009).

Zum anderen erschöpft sich der Begriff jedoch nicht im Verweis auf die »Machtergreifung« des Ökonomischen, sondern beinhaltet auch die politische Dimension einer organisierten »Machtübertragung« im Sinne einer neoliberalen *Gouvernementalität*: Es wäre falsch, die Ökonomisierung des Sozialen im schlichten

Umkehrschluss mit einem gleichzeitigen Prozess seiner Depolitisierung in Verbindung zu bringen. Ökonomisierung ist vielmehr ihrerseits »ein *politisches* Programm« (Lemke et al. 2000: 26; Hervorhebung im Original) und wird nur *als solches* sozial wirkungsmächtig. Die spezifische *politische Ökonomie* des sozialstaatlichen Wandels zu erfassen ist insofern eine zentrale Aufgabe sozialwissenschaftlicher Theoriebildung und Forschung in diesem Feld: Die Dinge, die im ökonomisierten Sozialstaat geschehen, geschehen – um Streecks und Thelens oben zitierter Sentenz des politischen Gehen- bzw. Passieren-Lassens eine stärker aktivische Note zu geben – nicht »ohnehin« und »sowieso«, sondern sie werden herbeigeführt, ermöglicht und wahrscheinlich gemacht. Es geht dann darum, diesen Prozess einer politischen Re-Formierung (Streeck 2009) als spezifische, ökonomisierende Form der *Regierung* der wohlfahrtskapitalistischen Formation zu verstehen und zu erklären (Dean 1999; Bröckling et al. 2011).

Analytisch genauer gefasst sind nochmals zwei spezifische Dimensionen der herrschenden Ökonomisierungstendenz zu unterscheiden, und zwar Prozesse der »Vermarktlichung« einerseits, der »Rekommodifizierung« andererseits. *Vermarktlichung* meint die Öffnung des Feldes öffentlicher, kollektiver Wohlfahrtsproduktion für privatwirtschaftliche Akteure und konkurrenzökonomische Mechanismen (Nullmeier 2004). Initiiert als über die Auflösung staatlicher Monopole bzw. die Privatisierung öffentlicher Unternehmen vollzogener Markt(er)öffnungsprozess im Bereich der wirtschaftlichen Infrastruktur (Energie, Verkehr, Kommunikation), wurde das Prinzip der »marketization« (Salamon 1993) schrittweise auch auf das im engeren Sinne sozialpolitische Feld übertragen (Seeleib-Kaiser 2008). Die politische Konstitution von »Wohlfahrtsmärkten« (Taylor-Gooby 1998; Bode 2008) vornehmlich im Bereich der Gesundheitsversorgung, der Pflegedienstleistungen und der Alterssicherung, aber etwa auch im Beschäftigungsförderungs- oder Bildungs- und Weiterbildungssektor, erzeugt einen grundlegend neuen »welfare mix« (Evers & Wintersberger 1990) – mit größerem Gewicht profitorientierter Unternehmen, mehr privater »Eigenverantwortung« der zunehmend als mit »Wahlfreiheit« ausgestattete »Kunden« konstruierten und adressierten Sozialstaatsbürger/innen sowie einem stärker nach betriebswirtschaftlichen Kriterien operierenden und evaluierten »öffentlichen Dienst« (Bode 2004; Clarke et al. 2007; Greve 2010).

Als Paradebeispiel für die Teilvermarktlichung des Sozialstaats kann im deutschen Fall das System der Alterssicherung gelten (Berner 2009; Bode 2011). Hier wurden mit der Einführung einer freiwilligen und privaten, aber öffentlich subventionierten und regulierten Zusatzversicherung zur Gesetzlichen Rentenversicherung – der sogenannten »Riester-Rente« – praktisch sämtliche Register des Wohlfahrtsmarktwesens gezogen. Während das eigentliche Sicherungsziel dieser neuen Institution tendenziell eher verfehlt werden dürfte – nämlich die gegenwärtig noch erwerbstätigen zukünftigen Rentner/innen dazu anzuhalten, die politisch verordnete langfristige Absenkung des Rentenniveaus im öffentlichen System durch zusätzliche, private Altersvorsorgetätigkeit auszugleichen –, ist durch die entsprechenden Reformen eine weitreichende Reorganisation des alterssicherungspolitischen Feldes erfolgt. Die privaten Versicherungsunternehmen sind nun auch in Deutschland zu einem gewichtigen sozialpolitischen *player* geworden, zugleich hat der Staat selbst zwar seine unmittelbare Verantwortung für die »sozialen Probleme« der Alterung und der Alten zurückgeschraubt, damit aber keineswegs an sozialpolitischer Macht verloren – eher im Gegenteil: Im Sinne einer Sozialpolitik »zweiter Ordnung« (Kaufmann 1998) behält er die Fäden der relativen Gewichtung und strukturellen Verkopplung »öffentlicher« und »privater« Sicherung in der Hand und unterläuft bzw. übergeht damit die sozialanalytische – und politisch-sozial konstruierte – Unterscheidung zwischen »Staat« und »Markt« (Clarke 2004a, 2004b: 106ff.).

So gesehen ist auch der Begriff der *Rekommodifizierung*, der die zweite Dimension des Prozesses sozialpolitischer Ökonomisierung umschreiben soll (Breen 1997; Knijn & Ostner 2002), in gewisser Weise irreführend: Mit ihm soll der Abbau von dekommodifizierenden, die Arbeitskräfte vor der ungebremsten Wirkung von Marktzwängen schützenden Regulierungen im sozialen Sicherungssystem angezeigt werden. Die Verlängerung der Lebensarbeitszeit, die Kürzung der Höhe und Dauer von Lohnersatzansprüchen, die Verschärfung der Voraussetzungen für den Leistungsbezug – all dies sind sozialpolitische Maßnahmen, die den individuellen Druck zur Aufnahme, Wiederaufnahme oder Fortführung eines Lohnarbeitsverhältnisses systematisch erhöhen, die Arbeitskraft und deren Verkauf also wieder stärker den Marktgesetzen unterwerfen (Manske 2005; Papadopoulos 2005). Insofern die Kommodifizierung der Arbeitskraft zum Wesenskern der kapitalistischen Ökonomie – und auch ihrer historisch spezifischen Form des Wohlfahrtskapitalismus – gehört, kann diese Tendenz, für sich allein genommen, allerdings nicht (wie dies häufig behauptet wird) als »Paradigmenwechsel« der Sozialpolitik durchgehen, sondern nur als historische Momentaufnahme der permanenten politischen Akzentverschiebung zwischen Kommodifizierung und Dekommodifizierung im modernen Sozialstaat gelten (Lessenich 1999; Höpner et al. 2011). Und auch hier geht es keineswegs um einen einfachen »Rückzug« des Staates aus seiner »sozialen Verantwortung«, sondern um die aktuelle, politisch für zeitgemäß gehaltene Interpretation derselben, sprich: Um die von gesellschaftlich machtvollen Akteuren als geltend durchgesetzte Deutung, dass den Marktkräften derzeit und bis auf Weiteres wieder eine unmittelbarere, unbeschränktere Wirkungsmacht auf die Arbeitskräfte zu gewähren sei – im vermeintlichen Interesse der Arbeitskräfte selbst und deren »employability«. In Verbindung und dynamischer Wechselwirkung mit den weiteren, bereits angesprochenen Ökonomisierungstendenzen – sowie den im Weiteren noch anzusprechenden sozialpolitischen Strukturveränderungen – kann diese »neue« politische Ökonomie des Arbeitsmarkts durchaus auf einen Gestaltwechsel der sozialstaatlichen Formation hinauslaufen (und tut dies wohl auch). Ein Phasenwechsel im arbeitsmarktpolitischen De-/Kommodifizierungszyklus *allein* aber macht noch keine Transformation des Sozialstaats.

Paradigmatisch für die sozialstaatliche Rekommodifizierungstendenz steht hierzulande jene Reform der Arbeitslosensicherung, die im In- und Ausland mit dem Namen »Hartz IV« verbunden wird (Brütt 2011). Zu Recht kann als regulativer Kern der vier »Hartz-Gesetze« – neben den Elementen der Vermarktlichung in Gestalt einer Organisationsreform der seither als »Arbeitsagenturen« firmierenden ehemaligen Arbeitsämter – die Zusammenlegung von Arbeitslosenhilfe und Sozialhilfe zum »Arbeitslosengeld II« gesehen werden. Strukturell ähnlichen Reformmaßnahmen insbesondere in Großbritannien nachempfunden (Mohr 2007), entspricht die Ausgestaltung der neuen Sozialleistung der Logik sozialpolitischer »Workfare«-Programme, wonach prinzipiell jede (Erwerbs-)Arbeit besser sei als gar keine (Lødemel & Trickey 2001; Grell 2008). Entsprechend operierte auch der deutsche Gesetz- und Verordnungsgeber mit Instrumenten wie einer Absenkung des Leistungsniveaus, einer Erhöhung des Drucks zur Arbeitsaufnahme und einer Lockerung der Kriterien »zumutbarer« Beschäftigung, um die erwerbsfähigen Erwerbslosen schneller »in Arbeit« zu bringen – mit dem unmittelbaren sozialpolitischen Erfolg einer Reduzierung der Zahl registrierter Arbeitsloser auf der einen, dem (je nach Lesart positiven oder negativen) Rückkopplungseffekt einer massiven Ausdehnung des Niedriglohnsektors auf der anderen Seite. Im Ergebnis ist damit für Erwerbslose *und* Erwerbstätige (jedenfalls für nicht unerhebliche Teile derselben) gleichermaßen der stumme Zwang der Arbeitsmarktverhältnisse deutlich stärker spürbar geworden.

Ist in der historisch-soziologischen Forschung als eine der spezifischen Entstehungskonstellationen europäischer Sozialstaatlichkeit der sogenannte »Lib-Lab«-Pfad – als Effekt der »strategic responses of Liberal government to growing labor strength« (Hicks et al. 1995: 330) – rekonstruiert worden, so kann die jüngste Geschichte der Ökonomisierung des Sozialstaats machtressourcentheoretisch umgekehrt als strategische Antwort sozialdemokratischer Parteien auf die politisch-kulturelle Hegemonie des Marktliberalismus und damit gewissermaßen als »Lab-Lib-Modell« (Borchert 1998: 159) sozialpolitischen Wandels verstanden werden. Wie im britischen Fall (Holden 2003) und anderen europäischen Sozialstaaten (ebenso wie auf EU-Ebene; vgl. Aust et al. 2002) auch war es in Deutschland eine »modernisierte« Sozialdemokratie, die politisch maßgeblich für die Verkoppelung von Kommodifizierung und Vermarktlichung verantwortlich zeichnete, oder anders: für die sozialpolitische Doppelstrategie von *Laboralisierung* im Sinne einer Steigerung der Erwerbsquoten von Frauen, Älteren, Niedrigqualifizierten und *Liberalisierung* im Sinne von (zu diesem Zweck) gesenkten Marktbarrieren und erweiterten Marktgrenzen (Lessenich 2012). In der analytischen Zusammenschau beider Prozesse lässt sich sagen: So viel Erwerbsgesellschaft war nie – die Beschäftigungszahlen sind auf bislang (zumindest in der Nachkriegsgeschichte) unerreichte Höhen geklettert, die Bedeutung der Lohnarbeit für die individuelle Existenzsicherung und die soziale Positionierung im System gesellschaftlicher Arbeitsteilung ist vermutlich größer denn je zuvor

(Castel 2000), und dies – nicht zufällig – gerade zu einem Zeitpunkt, an dem die Lohnarbeit durch politische Intervention (wieder) zunehmend prekär wird und erwerbsarbeitsvermittelte Statussicherheit zum knappen Gut gerät (Castel & Dörre 2009; Castel 2011; Betzelt & Bothfeld 2011b).

### 4.3 Defamilialisierung

Was für die Ökonomisierung sozialstaatlichen Handelns gilt, trifft in gleicher Weise auf die weiteren hier analytisch differenzierten Entwicklungstendenzen zu: Der Wandel des Sozialstaats ist in all seinen Facetten kein eigendynamischer Prozess einer durch (un)glückliche sozioökonomische Umstände der politischen Steuerung entglittenen Marktgesellschaft, sondern – nicht allein, aber eben doch ganz maßgeblich auch – ein *Effekt politischer Intervention*, einer nicht enden wollenden Serie von Akten der »permanenten Umsorgung« (Gertenbach 2007: 124) des Marktes: der politischen Sorge um die »Anpassung« der Sozialsysteme an die Bedingungen einer globalisierten Ökonomie; um die entsprechend passförmige »Modernisierung« des gesellschaftlichen Wertehaushalts; und um die Konstruktion einer »arbeitenden Familie« als Keimzelle der Erwerbsgesellschaft.

Letztgenannte sozialpolitische Tendenz ist in der einschlägigen Literatur (wie bereits erwähnt) als Prozess der *Defamilialisierung* theoretisiert worden – wobei dort unterschiedliche, zum Teil auch kürzere Varianten des sozialwissenschaftlichen Wortungetüms kursieren (Sainsbury 1996: 86 ff.; Esping-Andersen 1999: 45 ff.; Leitner & Lessenich 2007). Dahinter steht in jedem Fall die Idee, dass der Sozialstaat nicht nur durch Befreiung der – typischerweise männlichen – Arbeitskraft von Marktzwängen (»Dekommodifizierung«), sondern auch und gleichermaßen durch die Befreiung des – typischerweise – weiblichen Arbeitsvermögens von Familienlasten sozial emanzipatorisch wirkt bzw. wirken kann (und, aus Sicht der normativen Theoriebildung, dies auch tun sollte). In gewollter Übernahme von Esping-Andersens klassischer Dekommodifizierungsdefinition wird Defamilialisierung dann bestimmt als »the degree to which individual adults can uphold a socially acceptable standard of living, independently of family relationships, either through paid work or social security« (Lister 1994: 32).

In den Blick gerät aus dieser Perspektive zunächst einmal die ökonomische Unabhängigkeit von Frauen in Bezug auf ihre männlichen (Ehe-)Partner, sei es indem sie über Erwerbstätigkeit ein eigenes Markteinkommen erwirtschaften oder dass sie über eigenständige Ansprüche auf Transfereinkommen aus den sozialen Sicherungssystemen verfügen. Relevant werden dann aber in zweiter Instanz insbesondere all jene sozialpolitischen Programme und Instrumente, die es Frauen überhaupt erst ermöglichen, erwerbstätig zu werden, oder allgemeiner gefasst: die es erziehenden, betreuenden, sorgenden, pflegenden Erwachsenen erlauben, sich dieser Aufgaben – jedenfalls im Sinne häuslich-familialer Pflichten – zu entziehen, und ihnen so den Weg zur Kommodifizierung ihrer Arbeitskraft eröffnen. Damit sind zuallererst öffentliche Betreuungsangebote für Kinder, insbesondere Kleinkinder, gemeint, sodann aber auch Pflegeeinrichtungen für ältere Menschen sowie alternativ alle Spielarten von sozialen Dienstleistungen, die eine professionelle häusliche Betreuung sorgebedürftiger Angehöriger gewährleisten (Leitner 2003).

In den letzten Jahren nun lässt sich in den europäischen Sozialstaaten eine eindeutige Tendenz zur Förderung und Ausweitung solch defamilialisierender, die soziale Sorgearbeit »enthäuslichender« Politiken feststellen (Bambra 2007; Lohmann 2009; Kröger 2011). Und dies nicht zuletzt auch dort – etwa in Deutschland –, wo der Sozialstaat lange Zeit gerade in geschlechter- und familienpolitischer Hinsicht als »konservativ« rubriziert und die Arbeitsmarktteilnahme von Frauen traditionellerweise eher sozialpolitisch behindert denn befördert wurde. Auch hier hat sich allerdings mittlerweile ein institutionell unterstützter Trend vom männlichen Ernährermodell bzw. einer »modernisierten Versorgerehe« (mit weiblicher Teilzeiterwerbstätigkeit nach der Kinderphase) in Richtung auf ein »adult worker model« (Lewis 2004; Lewis & Giullari 2005) etabliert, in dem alle erwachsenen Bürger/innen – ob in Paar- oder Singlehaushalten lebend – tendenziell als vollwertige, sprich qualifizierte und vollzeitige, Arbeitskraftanbieter auftreten (sollen). In eben diesem Sinne sind die jedenfalls für westdeutsche Verhältnisse ungewöhnlichen Maßnahmen zur Lösung der (stets als weiblich konstruierten) »Vereinbarkeitsproblematik« – Kindergartenplatzgarantie und Ausbau auch des frühkindlichen Betreuungsangebots, lohnersatzähnliches Elterngeld und Pflegeurlaubsregelungen – zu verstehen: Frauen sollen auch als Mütter und (Schwieger-)Töchter nicht häusliche Sorgearbeit leisten, sondern auf dem Erwerbsarbeitsmarkt »ihren Mann« stehen.

Hinter dieser in der Forschung bereits als familienpolitischer »Paradigmenwechsel« (Sturn 2011) apostrophierten Entwicklung – entsprechende Diagnosen werden in der Sozialpolitikwissenschaft ja recht inflationär gestellt, in diesem Fall aber mag die Einschätzung nicht einmal zu hoch gegriffen sein – dürfte allerdings weniger die plötzliche Einsicht in die normative Höherwertigkeit geschlechteregalitären Denkens stehen als vielmehr ein funktionaler Bezug zu den im vergangenen Jahrzehnt europaweit (und nicht zuletzt EU-getrieben) sich durchsetzenden Ökonomisierungspolitiken. Als treibende Kraft kann die europapolitische Entdeckung der Dienstleistungs- und Wissensökonomie als Wettbewerbsfaktor und die damit zusammenhängende Prioritätensetzung auf die Nutzung des weiblichen »Humankapitals« gelten (Annesley 2007). Diese wiederum ist nicht unabhängig von der sozialwissenschaftlichen Propagierung und Popularisierung einer politischen »Sozialinvestitionsstrategie« (Giddens 1998: 99ff.; vgl. Lister 2004; Morel et al. 2011) zu sehen, die angesichts steigenden weltwirtschaftlichen Konkurrenzdrucks und der demografischen Alterung der europäischen Bevölkerung strategisch auf die produktiven Potenziale insbesondere von Frauen und Kindern (aber auch von Alten; vgl. Lessenich 2008b) setzt – eine wissenschaftlich-politische Bewegung, an deren Spitze mit Gøsta Esping-Andersen nicht zufällig der führende Kopf der internationalen Sozialstaatsforschung zu finden war (Esping-Andersen 1996c; Esping-Andersen et al. 2002).

Der auf einer defamilialisierenden Politik gründende »Sozialinvestitionsstaat« wird hier als *circulus virtuosus* und (daher) *best practice* moderner Sozialstaatspolitik dargestellt (Allmendinger 2009): Erwerbstätige Frauen führen ihr Humankapital, in das gesellschaftlich investiert wurde, einer produktiven Nutzung zu und füllen die bestehende volkswirtschaftliche Dienstleistungslücke aus, so dass im öffentlichen Sektor (oder auch marktförmig) jene weibliche Investitionsarbeit in das Humanvermögen insbesondere von Kindern geleistet werden kann, die als ökonomische Wettbewerbsstrategie alternativlos ist – womit zugleich familienbedingte Bildungsungleichheiten ausgeglichen werden können, über die vereinbarkeitsvermittelte Erhöhung der Geburtenraten die Familien aber andererseits auch wieder gestärkt werden (und gleichsam »nebenbei« der demografische Wandel an gesellschaftspolitischer Dramatik verliert). »All this implies that ›women-friendly‹ policy is, simultaneously, family- and society-friendly.« (Esping-Andersen 2002a: 94)

Analytisch wird man allerdings diese Vorstellung einer »guten« bzw. sozialpolitisch gut eingerichteten Gesellschaft – die, so heißt es, in den skandinavischen Wohlfahrtsstaaten bereits rollenmodellhafte Realität geworden sei – mit einigen Beobachtungen konterkarieren müssen, die das positiv-harmonische Bild durchaus trüben und verkomplizieren (Daly 2011): Mit der Defamilialisierung und Kommodifizierung weiblicher Arbeitskraft geht eine Ver(wohlfahrts)marktlichung des Erziehungs- und Pflegesektors einher, die egalitätspolitischen Steuerungszielen ebenso zuwiderläuft wie die weithin unveränderten, sozialpolitisch unangetasteten Muster geschlechtsspezifischer Arbeitsteilung in Haushalt und Familie – Frauen sind eben durchweg, und anders als viele Männer, auch als Erwerbstätige nicht individualisiert, sondern bleiben familialisiert, die Chancen auf ein tatsächliches familiales *opting-out* sind ihnen sozial verstellt (Saraceno 2008). Und noch eine zweite, generationenpolitische Dimension der *Refamilialisierung* (und somit Entindividualisierung) kommt hier ins Spiel: Durch die oben erwähnte, sozialstaatlich beförderte bzw. nicht verhinderte Prekarisierung von Beschäftigungsverhältnissen und Erwerbsbiografien sind insbesondere junge Menschen zur Existenz- oder Lebensstandardsicherung zunehmend wieder auf ihre Elternhaushalte verwiesen – und das nicht selten auch über das verlängerte Jugendalter hinaus (Koppetsch 2010). All dies sind Aspekte und Zeichen einer gesellschaftlichen »Reproduktionskrise« (Jürgens 2010), die zum Teil in den politischen Interventionen jenes »Sozialinvestitionsstaats« wurzelt, der sich in seiner Selbstbeschreibung betont reproduktionssensibel gibt, faktisch aber einer streng produktivistischen Logik gehorcht.

### 4.4 Remoralisierung

In der Programmatik und Praxis einer »investiven« Sozialpolitik, die ihre materiellen Ressourcen und regulativen Energien tendenziell umleitet und zunehmend in die aktive Förderung einer *arbeitenden Gesellschaft* steckt, spielen besagte Selbstbeschreibungen des »neuen« Sozialstaats (Esping-Andersen et al. 2002) bzw. retrospektive Charakterisierungen des alten, zu überholenden und überwindenden Wohlfahrtsregimes eine bedeutsame Rolle. Grundsätzlich gilt – wie gesehen –, dass normative Diskurse und der Kampf um Ideen, sprich der öffentliche Streit für und gegen bestimmte Vorstellungen einer politischen »Ordnung« des Sozialen, wesentliche Triebkräfte sozialstaatlicher Entwicklung sind. Und mehr noch als für die Phasen »normalen« Prozessierens sozialpolitischer Institutionen, in denen die relevanten Akteure sich (als »rule-makers«) und ihr Publikum (als »rule-takers«, vgl. Streeck 2009: 121 ff., 236 ff.) gleichwohl immer wieder der normativen Richtigkeit des eingeschlagenen Pfades zu vergewissern und entsprechend rückzuversichern haben, trifft für Prozesse einer Reorientierung sozialstaatlicher Handlungslogiken zu, dass sozialpolitische Intervention immer auch ideell legitimiert sein will, um gesellschaftlich als angemessen und akzeptabel zu gelten (Nullmeier et al. 2009). In diesem Sinne tritt der re-formierte »Sozialinvestitionsstaat« legitimatorisch nicht – oder jedenfalls nicht nur – als unvermeidliche, strukturfunktionale Antwort auf veränderte weltwirtschaftliche und soziodemografische Rahmenbedingungen an und auf, sondern umgibt sich mit einer Aura höherer Moralität, die das harte und »kalte« sozialstaatliche Ökonomisierungsprogramm aus Vermarktlichung und Kommodifizierung (inklusive Defamilialisierung) gesellschaftlich in einem weichen, warmen Licht erscheinen lässt.

Der neue sozialstaatliche Ökonomismus kommt, so gesehen, als ein »Ökonomismus zum Wohlfühlen« (Lessenich 2004) daher. Zwar darf unterstellt werden, dass das – zumindest hierzulande – jäh erwachte sozialpolitische Interesse an Frauen (und Kindern) nicht in erster Linie geschlechteregalitären (bzw. generationenpolitischen) Motiven folgt, sondern den erwarteten ökonomischen und sozialen Erträgen ihrer potenziellen Erwerbstätigkeit (bzw. Bildungsfähigkeit) geschuldet ist: Es geht primär um Frauen (und Kinder) als Investitionsgüter, um den gesellschaftlichen Nutzen einer produktiven Nutzung ihrer Potenziale, genauer gesagt um den sozialen Gebrauchswert, der in der Realisierung des wirtschaftlichen Tauschwerts ihrer Humanressourcen liegt bzw. vermutet wird. Ideell (bzw. ideologisch) eingebettet wird dieses sozialpolitische Begehren aber in normative Begründungsmuster, die sich neben und vor dem ökonomischen Wert staatlicher »Sozialinvestition« vor allen Dingen auf (neue bzw. »renovierte«) soziale Hochwertbegriffe beziehen.

Eine ganze wissenschaftlich-politische Begriffsproduktionsindustrie ist seit den ausgehenden 1990er Jahren damit beschäftigt (gewesen), »modernisierte« Konzepte sozialer »Gerechtigkeit« auszuarbeiten und diskursiv zu verbreiten (Brettschneider 2007a; Nullmeier 2009). Wenig überraschend und erneut nicht zufällig war es mit Anthony Giddens ein (äußerst renommierter) Soziologe, der als internationaler Anstoßgeber eines erneuerten Gerechtigkeitsdiskurses insbesondere auch in dem interessenpolitisch am »alten« Sozialstaat hängenden politischen Milieu der Sozialdemokratie fungierte. In seinem Konzept von »positive welfare« (Giddens 1998: 111 ff.) wurde die neue Leitlinie sozialstaatlicher Intervention – »investment in *human capital* wherever possible, rather than the direct provision of economic maintenance« (ebd.: 117; Hervorhebung im Original) – als nicht nur funktional notwendig, sondern zudem und vor allen Dingen auch moralisch höherwertig ausgewiesen: »In the positive welfare society, the contract between individual and government shifts, since autonomy and the development of self [...] become the prime focus.« (Ebd.: 128) Individuelle Selbstbestimmung und persönliche Identitätsentwicklung werden zu normativen Zielgrößen eines Sozialstaats, der seine Bürger/innen nicht mit Lohnersatzeinkommen versorgt, sondern sie zur Erzielung eigenen Erwerbseinkommens befähigt. Selbstbestimmung *auf Märkten* – Arbeits- wie Wohlfahrtsmärkten – und Identitätsentwicklung *durch Erwerbsbeteiligung* lauten die Leitideen des »gewährleistenden Staats« (Vogel 2004: 38 ff.), der im Sinne des gesellschaftspolitischen Bildergebots von klassischen Vorstellungen der Verteilungsgerechtigkeit auf (so die Rahmung) zeitgemäße Ideale der Beteiligungs- bzw. Teilhabegerechtigkeit umstellt.

In dem normativen Begründungsdiskurs zum »investiven« – *ökonomisierten* und *ökonomisierenden* – Sozialstaat wurde mit der Wertidee der »Inklusion« sogar ein soziologischer Fachbegriff zur gängigen Formel in der öffentlichen Debatte. Dieser wiederum fand, als Einbeziehung tendenziell aller Sozialstaatsbürger/innen in das System der Erwerbsarbeit und erwerbsarbeitsvermittelter Lebenschancen verstanden, politischen Einsatz als Kampfbegriff nicht nur gegen das soziale Problem der »Exklusion« (Kronauer 2010), sondern auch gegen eine die sozialen »Problemgruppen« mit monetären Transferleistungen abspeisende Sozialpolitik (Bude 2008). Den Gipfel moralökonomischer Raffinesse erklomm der sozialpolitische Legitimationskampf mit dem Konzept der »Generationengerechtigkeit« (Klundt 2008; Christen 2011: 153 ff.), das im Zeichen der diskursiven Dramatisierung des demografischen Wandels und seiner Folgen (Etzemüller 2007) zu einer hegemonialen Idee aufstieg – einer Idee, in welcher die Logik des »investiven« Sozialstaats gleichsam zu sich selbst kommt, da die Kollektivität einerseits, die Generativität andererseits der staatlichen Sorge um die Jüngsten der Gesellschaft (Esping-Andersen 2002b) bzw. um die »nachwachsenden Generationen« (zumindest scheinbar) auf der Hand liegen.

Die »Modernisierung« der sozialpolitischen Gerechtigkeitsdiskurse ist die eine, »positive« Seite dessen, was man übergreifend als Tendenz zur *Remoralisierung* sozialstaatlicher Intervention bezeichnen mag. Im engeren Sinne ist damit aber eine andere, »negative« Variante moralischer bzw. moralisierender Sozial(staats)-praktiken gemeint: die Renaissance des »Verantwortungs«-Diskurses bzw. die sozialpolitische »Rückkehr der Schuldfrage« (Brettschneider 2007b; vgl. Lessenich 2006a). Schon bei Giddens waren »autonomy and the development of self« als Wertbezüge sozialstaatlicher Intervention in den funktionalen wie normativen Kontext der Stärkung von »Eigenverantwortung« gestellt worden, waren sie vor allem als »the medium of expanding individual responsibility« (Giddens 1998: 128) gefragt. In der Folgezeit wurde gerade auch in Deutschland die Semantik der (Eigen-) Verantwortung zum Dreh- und Angelpunkt einer konsequenten Diskurspraxis doppelter moralischer Aufladung: des Handelns des Sozialstaats selbst wie des Verhaltens seiner Bürger/innen (Köppe et al. 2007).

Vor dem Hintergrund der historischen Entwicklung der (und zur) sozialstaatlichen Gesellschaftsformation muss der Rückgriff des sozialpolitischen Begründungsdiskurses auf moralische Kategorien regressiv erscheinen, ist diese doch aus soziologischer Perspektive eben dadurch charakterisiert, dass sie legitimationslogisch vom Modus der Moral auf den des Rechts umstellt: »Subjektives Recht statt persönlicher Schuld, kollektive Haftung statt individueller Verantwortung – das ist die Formel sozialpolitischen Fortschritts der wohlfahrtsstaatlichen gegenüber der vorwohlfahrtsstaatlichen Gesellschaftsformation.« (Lessenich 2009c: 279) Die jüngsten, produktivistischen Reformen des deutschen Sozialstaats hingegen wurden durch die zumindest im Ergebnis erfolgreiche Wiederbelebung individueller Verantwortungszuschreibungen angetrieben und begleitet: Für das (damit eben nicht mehr oder nur noch in der Konsequenz »soziale«) Problem der Arbeitslosigkeit und dessen »Lösung« ebenso wie für Fragen der

Gesundheit, Bildung oder Ernährung werden zunehmend sozialpolitische Ansprüche auf persönliche Eigentätigkeit und Selbstsorge, auf individuelles Vorsorge- und Präventionshandeln geltend gemacht (Lessenich 2008a: 73ff.).

Mittlerweile greifen entsprechende institutionalisierte Erwartungshaltungen auch auf das Feld des Alters und des persönlichen »Alter(n)shandelns« über und durch – auf jenes soziale Risiko also, das über lange Zeit hinweg als unvermeidlich und individuell nicht zu beeinflussen galt und dessen kollektiv-öffentliche Absicherung den Funktions- wie Legitimationskern des (west)-deutschen Sozialstaats der Nachkriegszeit ausmacht(e). Auch hier entstehen aber nun, im Zeichen investiv-produktiver, ökonomisiert-ökonomisierender Sozialpolitik, neue Erwartungen und (einstweilen zwanglose) Zwänge hinsichtlich privater Altersvorsorge und verlängerter Erwerbstätigkeit, der Arbeit am alternden Körper und des nacherwerblichen bürgerschaftlichen Engagements (Brettschneider 2009; Lessenich 2009c; Dyk & Graefe 2010). Soziologisch lässt bzw. ließe sich an diesem sozialen (»Problem«-)Feld auf das Schönste zeigen, wie eine programmatisch und legitimatorisch auf »Inklusion« angelegte, d.h. auf die Einbeziehung ihrer Adressat/innen in gesellschaftliche Funktionszusammenhänge zielende Sozialpolitik faktisch – wenngleich dem Diskurs entzogen – soziale Exklusions- bzw. Marginalisierungsdynamiken befördern und verstärken kann (Dyk et al. 2010). Dieses sozialpolitische Paradoxon kann hier leider nicht näher beleuchtet werden, es wird jedoch im Schlusskapitel noch einmal in generalisierender Form zur Sprache kommen.

## 4.5 Internationalisierung

Die Ökonomisierung des sozialstaatlichen Arrangements, die funktional darauf bezogene Politik der Defamilialisierung sowie die moralisierenden Begleitdiskurse dieses Wandels sind allesamt auch als Ausweis einer *Internationalisierung* des Sozialstaats zu werten – die vierte und letzte hier kurz zu skizzierende Entwicklungstendenz der Gegenwart. Diese wiederum hat zwei Dimensionen. Die politische Programmatik des »investiven« Sozialstaats und dessen moralische Ökonomie verweisen zunächst auf die Effekte einer zunehmenden *Europäisierung* der Sozialpolitik. Da diese, was ihre materielle Substanz angeht, auch im Rahmen der Europäischen Union zumeist immer noch nationalstaatlicher Regulierungshoheit obliegt, ist diesbezüglich zuallererst der – allerdings alles andere als bloß »symbolische« – Aspekt einer »kognitiven Harmonisierung« (Mandin & Palier 2004) nationaler Sozialpolitiken hervorzuheben: Durch den Einsatz von »weichen« Instrumenten sozialpolitischer Leitlinien, Handlungsempfehlungen und Berichtspflichten aus bzw. gegenüber »Brüssel« kommt es in den einzelnen Mitgliedsstaaten faktisch zu einer Konvergenz der nationalgesellschaftlich diskutierten und implementierten sozialpolitischen Ideen.

Die europapolitisch initiierten und inszenierten Prozesse der Strukturierung des Raums denkbarer und praktikabler – »realistischer« – sozialpolitischer Gestaltungsoptionen haben viele Namen und Gesichter (Bruno et al. 2006): ein nach standardisierten Erfolgskriterien durchgeführtes *benchmarking* nationaler Politiken führt zur Identifizierung und Propagierung nachahmenswerter *best practices* im jeweiligen Feld (seien es nun die dänische Arbeitsmarkt- oder die französische Kinderbetreuungspolitik); das gezielte *mainstreaming* aller Politikbereiche nach bestimmten für relevant erklärten Metazielen erzeugt – jedenfalls dem

Anspruch nach – eine regulative Parallelführung sozialpolitischer Einzelinitiativen (im Sinne namentlich der Geschlechtergleichstellung, aber auch anderer Antidiskriminierungsziele); die *Open Method of Coordination* (OMC) stellt einen Rahmen zur Harmonisierung nationaler Politiken (etwa im Bereich der Alterssicherung oder der sozialen Eingliederung) her, in dem betriebswirtschaftliche Praktiken des *Management by Objectives* (MbO) öffentlich-rechtlich gewendet werden.

All diese Formen und Formate »sanfter« politischer Steuerung wirken in Richtung auf eine »cognitive Europeanization« (Guillén & Álvarez 2004) einzel(sozial)staatlichen Handelns: Der Wissensraum sozialpolitischer Gestaltungsoptionen wird effektiv beschränkt und geschlossen – im Sinne einer letztlich alternativlos erscheinenden, als modellhaft ausgewiesenen Politik der Sozialinvestitionen. Und auch (und gerade) hier wird mit sozialpolitischen Hochwertbegriffen wie »Inclusion« (Bernhard 2010), »Social Cohesion« (Jenson & Saint-Martin 2003) oder dem »European Social Model« (Jepsen & Serrano Pascual 2005, 2006) hantiert, die sich in ihrer durch Inhaltsleere unterstützten Positivkonnotation als diskursive Transmitter-Konzepte sozialstaatlicher »Modernisierung« und sozialpolitischer Normalisierung eignen: Stets und in jedem Fall nämlich geht es darum, die verschiedenen Felder an veränderte Marktbedingungen anzupassen, die Beschäftigung bzw. »Beschäftigungsfähigkeit« einzelner sozialer Gruppen zu erhöhen, den Unternehmergeist auch der Nicht-Unternehmer/innen zu wecken, jede/n Einzelne/n zu einem organischen Teil des Ganzen einer flexibilisierten Erwerbsgesellschaft werden zu lassen.

Die im Zeichen der »European Employment Strategy« (Mosher & Trubek 2003) sich vollziehenden Wandlungen (national)-staatlicher Sozialpolitik sind in ihrem ökonomisierenden Impuls durchaus repräsentativ für die europapolitische Gesamtlogik »negativer Integration« (Scharpf 1996): Die Entstehung des Europäischen Binnenmarkts als Hauptziel (oder jedenfalls Haupteffekt) des europäischen Integrationsprozesses – gleichsam der prototypische Fall politisch organisierter Markt(er)öffnung – hat auf europäischer wie nationalstaatlicher Ebene Politiken der Liberalisierung hegemonial werden lassen, die mit der Zeit auch vor den unterschiedlichsten Feldern sozialstaatlicher Regulierung nicht Halt gemacht haben (Eichenhofer 2007). Verstärkt wurde der Druck auf das institutionelle Arrangement des industriellen Sozialstaats durch die »postindustrielle Revolution« in den entwickelten kapitalistischen Ökonomien (Iversen & Wren 1998) – ein Wandel in der Produktions- und Beschäftigungsstruktur, der qualitativ neuartige soziale Risiken hervorbrachte (Taylor-Gooby 2004; Armingeon & Bonoli 2006); ein Wandel zudem, der seinerseits Ausdruck und Bestandteil eines zweiten Internationalisierungsprozesses ist: der *Globalisierung* im Sinne einer Ausweitung wirtschaftlicher Handlungsräume und der Liberalisierung von Güter-, Kapital- und tendenziell auch Arbeitsmärkten im weltweiten Maßstab (Scharpf & Schmidt 2000; Münch 2009; Streeck 2009: 187 ff.).

Die weitreichenden Konsequenzen globalisierter Wirtschaftsräume für die im 20. Jahrhundert gewachsene und etablierte national-sozialstaatliche Formation lassen sich mit Münch (2009: 135 ff.) in klassisch *durkheimianischer* Manier rekonstruieren (vgl. Durkheim 1893): Die rasant zunehmende transnationale Arbeitsteilung schafft dynamische Verdichtungen wirtschaftlichen Handelns und neuartige, konkurrenzgetriebene Interdependenzen sozialer Akteure. Ganz im Sinne von Durkheims Analyse des gesellschaftshistorischen Übergangs zum Industriekapitalismus schwinden auch im postindustriellen Regime des »liberalen Kapitalismus« die alten Bindekräfte: War es am Ende des 19. Jahrhunderts die (in Durkheims Terminologie) »mechanische« Solidarität unter Gleichen im sozialen Nahraum von Familie, Hof und Gemeinde, die von der industriellen Betriebswirtschaft unterspült und überfahren wurde, so sind es zu Beginn des 21. Jahrhunderts die Mobilisierungsschübe des globalen Unternehmens- und Finanzkapitalismus, die das – in diesem Sinne gleichfalls in »mechanischer« Weise konstruierte und operierende – Solidaritätsarrangement des nationalen Sozial(versorgungs)staats erodieren und brüchig werden lassen. Durkheims damalige Zeitdiagnose einer drohenden sozialen Regellosigkeit (»Anomie«) beruhte auf dem Befund, dass die dem im Niedergang begriffenen »Sozialtypus« entsprechende Form der Moral am Verkümmern sei, »ohne daß sich an deren Stelle die neue genügend rasch entwickelt hat, um den Raum zu füllen, den die andere in unserem Bewußtsein hinterlassen hat« (ebd.: 479). Strukturanalog wäre es dann die Moral bzw. die moralische Ökonomie des industriellen Sozialstaats – der Sozialprotektionismus eines nationalindustriellen Produktionskollektivs –, deren bzw. dessen Bindewirkung unter Bedingungen globalisierter Märkte und grenzüberschreitender Sozialbeziehungen im Schwinden begriffen ist, ohne dass sich neue, dieser Gesellschaftsformation entsprechende Formen der (»organischen«) Solidarität schon herausgebildet hätten.

Letzteres lässt sich wohl – einigen ersten Ansätzen zu einer »globalen Sozialpolitik« transnationaler Organisationen und Institutionen zum Trotz (Leisering 2008; Yeates 2008) – mit Recht behaupten. Hingegen ist berechtigte Skepsis angebracht gegenüber einer an Durkheim anschließenden, »modernisierungstheoretischen« Annahme, der zufolge es nach einer anomisch-krisenhaften Übergangszeit im Zeichen und Zuge ökonomischer Globalisierung gewissermaßen zwangsläufig zu strukturfunktionalen, formationsadäquaten Moralentwicklungsprozessen kommen werde. Während etwa Münch mit der in diesem Kapitel skizzierten

Transformation der Sozialpolitik hin zum »investiven« Sozialstaat auch die Herausbildung neuer, »höherer« Formen gesellschaftlicher Solidarität im Sinne eines (mit einer Ethik des Individualismus verkoppelten) »moralischen Universalismus« (Münch 2009: 61 ff.) verbunden sieht, muss die Diagnose aus der hier vertretenen Perspektive soziologischer Analyse und Kritik gesellschaftlicher Verhältnisse zugleich pessimistischer *und* optimistischer ausfallen. Denn bei Lichte besehen erschöpft sich die von Münch für das Zeitalter des globalen Kapitalismus avisierte neue sozialstaatliche bzw. »wohlfahrtsgesellschaftliche« Moral in einer dem US-amerikanischen Modell nachempfundenen liberal-pluralistischen *Minimalsolidarität* (vgl. Münch 2010: 113 ff.), die – so steht trotz aller Selbstbeschreibungsrhetorik »offener Gesellschaften« durchaus zu befürchten – nicht nur übergangsweise mit verschärften wohlstandschauvinistischen Schließungen nach »außen« (wie auch nach »unten«) einhergehen wird. Andererseits aber spricht, realistisch gesehen und im Lichte historischer Erfahrungen betrachtet, ohnehin wenig für eine quasi-automatische, funktionale wie normative Selbststabilisierung der globalkapitalistischen Formation – und vieles für eine neuerliche und neuartige, auf veränderter struktureller und institutioneller Basis sich vollziehende Dynamik gesellschaftlicher Konflikte und sozialer Kämpfe um *alternative* Formen praktischer und institutionalisierter Solidarität, die sich (Stichwort »Internationalisierung«) etwa an der Idee »Globaler Sozialer Rechte« als kritischem Maßstab sozialstaatlicher Politik orientieren könn(t)en (Samsa 2007). Dazu dann abschließend – allerdings notgedrungen wenig – mehr.

## 4.6 Immer in Bewegung bleiben: Wandel – und Kontinuität

In der Zusammenschau der gegenwärtigen, vermutlich aber längerfristig und nachhaltig wirksamen Tendenzen sozialstaatlichen Wandels lässt sich feststellen, dass dieser durch eine Vielfalt dialektischer Dynamiken gekennzeichnet ist – in dem Sinne, dass die einzelnen hier analytisch unterschiedenen Bewegungen jeweils auch eine ihnen zuwiderlaufende Gegenbewegung mitführen (was als widersprüchliches Moment derselben zugleich auch das Potenzial für ungeplante und unplanbare Effekte weiteren Wandels beinhaltet). Zur Erinnerung: Der durchgreifende Prozess der Ökonomisierung sozialstaatlichen Handelns findet stets vermittelt über politische Entscheidungen und Interventionen statt und schließt insofern immer auch eine *Politisierung* gesellschaftlicher Verhältnisse in sich ein; die der Kommodifizierung bislang nicht marktförmig verwerteter Arbeitskraft dienende Defamilialisierung der Wohlfahrtsproduktion geht mit Tendenzen zur *Refamilialisierung* gesellschaftlicher Arbeit und sozialer Unterstützung einher; hinter der Remoralisierung sozialstaatlicher Programme und Praktiken im Sinne neuer sozialpolitischer Gerechtigkeitsvorstellungen und Verpflichtungsdiskurse verbirgt sich die Erosion der »alten« Sozialmoral kollektiver Risikoabsicherung und insofern ein gesellschaftlicher Prozess der *Entsolidarisierung*; und die Internationalisierung des Sozialstaats, verstanden als Öffnung nationalstaatlich verfasster Solidarräume für transnationale Wirtschafts- und Sozialbeziehungen, wird begleitet von symbolischen und materialen Dynamiken sozialer *Schließung*, in denen sich nationalgesellschaftliche Identitäten bemerkenswert zäh und lebendig zeigen.

Im Lichte solch multipler Bewegungen und Gegenbewegungen scheint der sozialanalytische (und mehr noch alltagspraktische) Eindruck, dass so viel Wandel des modernen Sozialstaats nie war, durchaus gerechtfertigt zu sein – einerseits. Andererseits aber lässt sich ebenso triftig argumentieren, dass ungeachtet des (unbestreitbaren) Wandels auf allen Ebenen und in allen Belangen sozialpolitischen Handelns (Taylor-Gooby 2001; Ferragina & Seeleib-Kaiser 2011) eine gewisse, grundlegende *Kontinuität* der sozialstaatlichen Gesellschaftsformation gleichwohl nicht von der Hand zu weisen ist. Es ist dies die – gewissermaßen Meta- – Kontinuität einer Strukturdynamik demokratisch-kapitalistischer Gesellschaft(en), welche als immer neu sich konstituierende *Doppelbewegung* zu verstehen ist: als beständiges, ebenso konfliktreiches wie widersprüchliches Zusammenspiel der kapitalistischen Akkumulationsbewegung und einer diese konterkarierenden gesellschaftlichen Gegenbewegung. Man kann diese Dualität der Bewegung – und deren systemische Kontinuität – im Anschluss an Karl Polanyi (1944; vgl. Streeck 2009: 246 ff.) als Spannung deuten zwischen dem ökonomischen Mechanismus selbstregulierender Märkte und den Versuchen zur sozialen Einhegung derselben, mit denen die moderne »Gesellschaft« ihre Stabilität und Integration gegen die desozialisierenden Angriffe der kapitalistischen »Teufelsmühle« (Polanyi 1944: 59) zu schützen bzw. wiederherzustellen sucht; oder man kann sie im Anschluss an Claus Offe (1971; vgl. Lessenich 2009a: 132 ff.) als Gegensatz zwischen den Funktionsimperativen kapitalistischer Akkumulation und dem Operationsmodus demokratischer Legitimation lesen, der die spätkapitalistische Gesellschaftsformation charakterisiert und das Handeln der politischen Akteure in widersprüchlicher Weise herausfordert und bindet. In beiden Fällen richtet sich angesichts dieser antagonistischen Konstellation der analytische Blick auf die moderne Sozialpolitik (Heimann 1929) bzw. auf den Sozialstaat, der die markt-gesellschaftliche bzw. kapitalistisch-demokratische Doppelbewegung insbesondere in der zweiten Hälfte des vergangenen Jahrhunderts politisch prozessiert und in seiner Institutionenbildung »aufgehoben« hat.

So gesehen fügen sich auch der jüngste »Paradigmenwechsel« (Münch 2009: 135 ff.) von der »konsumtiven« – dekommodifizierenden, marktbegrenzenden – zu einer »produktiven« – kommodifizierenden, marktbefördernden – Sozialpolitik bzw. die Tendenz zur »Liberalisierung« (Streeck 2009: 149 ff.) der sozialstaatlichen Institutionenordnung in die Kontinuität der politischen Ökonomie des modernen »Wohlfahrtskapitalismus« ein, in das *beständige Wechselspiel* konträrer ökonomisch-sozialer Bewegungen, bei dem zur Zeit die Zeichen auf politische Verschärfung von Marktzwängen stehen (und bis auf Weiteres stehen werden). Wenn daher in aktuellen Sozialstaatsdiagnosen von einer »Rückkehr« der zuvor sozialpolitisch eingehegten Kapitallogik – im Sinne der oben dargelegten Tendenz zur »Rekommodifizierung« von Arbeit (und Leben) – die Rede ist, dann ist dies gleichzeitig richtig und falsch: denn »capitalism returned even though it had never really been gone« (ebd.: 235). Die historische Kontinuität der sozialstaatlichen Gegenwart liegt in der »ewigen« Wiederkehr, in je neuer Gestalt, der politischen Vermittlungspraxis von kapitalistischer Marktbewegung und sozialer Gegenbewegung – weshalb sich aus der Perspektive langfristiger Gesellschaftsbeobachtung mit Fug und Recht sagen lässt, »that movement and countermovement have continued and will continue until further notice« (ebd.: 270, Fn. 14).

# 5. Den Sozialstaat dekonstruieren

## 5.1 Politik mit dem Sozialen

Wie eingangs dieses Bandes ausführlich dargelegt worden ist, lässt sich der moderne Sozialstaat nicht als ein bloßes institutionelles Arrangement zur Sicherung der sozialen Bedarfe schutzbedürftiger Personen und Personengruppen in kapitalistischen Marktgesellschaften verstehen, oder anders: Wer ihn *so* versteht, begreift ihn nur an der Oberfläche oder (allenfalls) »zur Hälfte«. Wohlgemerkt: Er ist dies durchaus *auch*. Doch verbirgt sich hinter dem geräuschvollen Operieren der sozialstaatlichen Umverteilungsmaschinerie bei genauerer Betrachtung – die hier einführend angeregt und angeleitet werden sollte – eine ganze, überaus komplexe und in sich widersprüchliche, weniger sichtbare und geräuschlosere Welt gesellschaftspolitischer Gestaltung, die mit dem öffentlichen Starren auf und Debattieren über die Höhe der Sozialausgaben, den Stand der Arbeitslosenzahlen und das je aktuell drängendste »soziale Problem« tendenziell eher ausgeblendet denn beleuchtet wird. Der Sozialstaat ist ein politischer Vergesellschaftungsmodus, der die Strukturmuster sozialer Ungleichheit ebenso prägt wie die Prozessmuster alltäglicher Lebensführung moderner – heute »spätmoderner« – Gesellschaften. Die Struktur- und Prozessmuster sozialstaatlichen Handelns (und Unterlassens) zu erforschen, den sozialen Sinn sozialstaatlicher Institutionen zu ergründen und die sinnliche Erfahrbarkeit sozialpolitischer Interventionen zu erfassen sind die vornehmsten Aufgaben der »Sozialpolitikwissenschaft«, die dementsprechend – so die in dieser Einführung vertretene und (hoffentlich) verdeutlichte Perspektive – weniger eine *Politik*- als eine *Sozial*wissenschaft, sprich eine Soziologie des Sozialstaats und seiner Politik, zu sein hat.

Die Politik mit dem Sozialen, als welche die moderne Sozialstaatstätigkeit, soziologisch beobachtet, erkenn- und erklärbar wird, vollzieht sich als gesellschaftshistorische Dynamik einer institutionalisierten Doppelbewegung (Polanyi 1944): dem strukturellen, inhärenten Expansionsdrang kapitalistischer Märkte korrespondiert das zyklische Aufbäumen einer politisch organisierten Gegenbewegung »in sozialer Absicht« – weshalb mit dem »Markt« zugleich auch der »Staat« expandiert (so wie dies auch die Titelillustration dieses Bandes symbolisiert). In soziologischer Beobachtung wird allerdings nicht nur deutlich, dass die Trennung von »Markt« und »Staat« eine analytische – und soziale – Konstruktion ist, weil Märkte nur als »politische« bzw. politisierte entstehen und funktionieren können und der Staat als Sozialstaat konstitutiv auf die Regulierung und Normierung des Markthandelns bezogen ist (Lenhardt & Offe 1977). Zugleich lässt sich von dieser Position aus erkennen, dass die »soziale Absicht« der im Sozialstaat verkörperten politischen Gegenbewegung historisch extrem variabel und ihrerseits selbst politisch gestaltungsfähig ist. Was »sozial« ist – und deshalb den funktionalen Bezugspunkt wie normativen Horizont *sozial*staatlichen Handelns bilden soll –, ist Gegenstand beständiger, machtbesetzter und konfliktreicher, insofern wechselvoller gesellschaftlicher »Aushandlungsprozesse«: Mal ist die herrschende Meinung, dass es um die Linderung der größten Not der am schlechtesten gestellten Gruppen gehe, mal die, dass jedem einzelnen Menschen die größtmögliche Teilhabe am gesellschaftlich produzierten Reichtum eröffnet werden solle; mal gilt es als allgemein geteiltes Ziel, den Lebensstandard der in Gesellschaft Lebenden zu sichern und zu erhalten, mal wird die Idee leitend, dass vielmehr den noch ungeborenen Angehörigen zukünftiger Generationen zumindest dem aktuell erreichten Standard vergleichbare Lebenschancen zu gewährleisten seien.

So gesehen ist gegenwärtig in den fortgeschrittenen demokratisch-kapitalistischen Sozial-Staaten »sozial« das, »was Arbeit schafft«. Was in Deutschland – aber auch in anderen europäischen Gesellschaften und auf europäischer Ebene (Serrano Pascual & Magnusson 2007; Betzelt & Bothfeld 2011a) – als sozialstaatliche Agenda der *Aktivierung* ge- und verhandelt wird, ist im Kern eine Politik der erweiterten und intensivierten Erwerbsvergesellschaftung (vgl. Lessenich 2012: 45 ff.). Alle »aktivierenden« Sozialpolitiken – ob es nun »harte« gesetzliche Regelungen wie »Hartz IV« und die Neugestaltung des Elterngelds oder »weiche« Anreizprogramme im Bereich frühkindlicher Bildung und der Beschäftigung älterer Arbeitnehmer sind – zielen darauf, Erwerbsarbeit als gesellschaftlich »normale« und sozialstaatlich normalisierte Form individueller Existenzsicherung und gesellschaftlicher Integration zu befördern. Nie war der deutsche Sozialstaat erwerbszentrierter als heute: Jede/r Einzelne »seiner« Bürger/innen kommt ihm als faktischer oder potenzieller Arbeitsmarktakteur in den Blick. Die möglichst weitgehende Ausdehnung des Marktsektors gesellschaftlicher Arbeit einerseits, die möglichst effektive Herstellung bzw. Verbesserung der Marktverwertbarkeit der verfügbaren Arbeitskraftressourcen andererseits sind dabei zwei Seiten derselben Medaille.

Die sozialpolitische Pointe dieses Doppelprozesses *institutioneller Marktentgrenzung* und *individueller Marktbefähigung* liegt – im Sinne einer historisch-spezifischen Politik mit dem Sozialen – in der im »aktivierenden Sozialstaat« angelegten Tendenz zur »Subjektivierung des Sozialen« (Lessenich 2003c, 2008a: 73 ff.). Die gesellschaftliche Aufgabe der Wohlfahrtsproduktion, die im vorherigen sozialstaatlichen Wohlfahrtsregime in die Hände von Staat und Markt, Verhandlungs- und Expertensystemen, Organisationen und Verbänden gelegt wurde (Kaufmann 1983), wird im Sozialstaat der »Aktivgesellschaft« den Subjekten, also jedem bzw. jeder einzelnen Sozialstaatsbürger/in selbst, überantwortet. Jede/r Einzelne wird hier tendenziell nicht nur für die eigene Chancensuche, -verbesserung und -verwertung auf Arbeits- und Wohlfahrtsmärkten verantwortlich gemacht, sondern zudem auch – über eben diese Marktaktivitäten vermittelt – für die Gewährleistung des gesellschaftlichen Wohlergehens, für die Sicherstellung des »gemeinen Wohls« (Offe 2001). Die selbstverantwortliche Jobsuche, die eigeninitiative Weiterbildung, die selbststeuernde Gesundheitsprophylaxe, die eigentätige Altersvorsorge, auf einen Nenner gebracht: die selbstverständliche Sorge um die eigene Wohlfahrt ist in der aktivierungsstaatlichen Logik von (volks)-wirtschaftlichem Wert und (gesamt)gesellschaftlichem Nutzen zugleich.

Auch diese erwerbsgesellschaftliche Mobilisierungsbewegung führt – wie sozialstaatliche Politik schlechthin – in Gestalt von institutionalisierten Kontrolldynamiken ihr regulatives Gegenstück mit sich: Was in diesem Regime hinreichende und angemessene »Aktivitätsaktivitäten« der mobilisierten Marktsubjekte sind, unterliegt in aller Regel institutioneller Fremdbestimmung, unerwünschte Marktmobilität (etwa von ihre Erwerbsinklusionschance suchenden Migrant/innen) wird im Zweifel auch zwangsförmig zu verhindern versucht (Lessenich 2009a, 2011a). Und logisch folgerichtig stellen sich in dieser sozialstaatlichen Bewegung auch neue gesellschaftliche Ungleichheitsrelationen her: Wer der sozialen Norm der Aktivität, Mobilität, Flexibilität – auf Arbeits- und Bildungsmärkten, in Beruf und Familie – nicht genügt, verfügt über systematisch reduzierte Lebenschancen, die sozialpolitisch nicht etwa kompensiert, sondern im Gegenteil symbolisch aufgeladen und materiell festgeschrieben werden. Der »faule Arbeitslose« und die deutsche (früher nur aus US-amerikanischen Debatten bekannte) »welfare mother« aus der »Unterschicht«, die öffentlich alimentierten »Hartz-IV-Milieus« und die sozial abgeschotteten migrantischen »Parallelgesellschaften«: All dies sind individuelle und kollektive Sozialfiguren, die der Öffentlichkeit der aktivierten Erwerbsgesellschaft als unproduktive und parasitäre, leistungs- und integrationsverweigernde Elemente, als gefährliche – weil das Soziale gefährdende – Subjekte und Klassen gelten (Lessenich 2006b).

Mit Blick auf die »aktivgesellschaftliche« Politik mit dem Sozialen lässt sich die klassische Sentenz Max Webers zur gesellschaftlichen Wirkmächtigkeit des modernen Kapitalismus, der sich »im Wege der ökonomischen Auslese« jene »Wirtschaftssubjekte – Unternehmer und Arbeiter –« schaffe und erziehe, »deren er bedarf« (Weber 1904b: 37), entsprechend reformulieren: Der Sozialstaat schafft und erzieht, ökonomisiert und ökonomisierend wie er sich gegenwärtig geriert, im Wege der politischen Auslese jene Wirtschafts- und Sozialsubjekte, deren ein liberalisierter, flexibler Kapitalismus bedarf – oder jedenfalls trachtet er systematisch danach. Sozialpolitik als Politik mit dem Sozialen meint dann im engeren Sinne eine Politik der *gesellschaftsformationsangemessenen Subjektformierung*: »Liberalization today involves not just enhanced freedom for entrepreneurial risk-taking but a profound reeducation of workers and their families, not only regarding their economic needs but also to a new, allegedly freely chosen but in fact normatively obligatory way of life that is thoroughly adjusted and subservient to the functional demands of an evolving capitalism.« (Streeck 2009: 265 f.) Man überschätzt die soziale Bedeutung der Aktivierungsaktivitäten eines ökonomisierten Sozialstaats sicher nicht, wenn man feststellt, dass diese eine entscheidende Rolle bei der ökonomisierenden Umgestaltung der spätmodernen Gesellschaft und der marktkompatiblen Umerziehung ihrer Subjekte spielen.

Aus der Einsicht in die subjektformierende Kapazität – oder zunächst einmal: Intentionalität – sozialstaatlichen Handelns ergeben sich *einerseits* methodologische Anforderungen an eine seiner gesellschaftlichen Relevanz angemessene Soziologie des Sozialstaats, die hier nur angedeutet werden können: Dieser müsste es nicht nur darum gehen, die gängigen historisch-institutionalistischen Analysen in dem Sinne akteurstheoretisch zu erweitern, dass die institutionelle Formierung sozialer Handlungsorientierungen in den Blick gerät (Streeck 2009: 121 ff., 236 ff.). Zudem wäre sie insofern subjektorientiert auszurichten, als sie systematisch (und empirisch) nach dem regulativen »Erfolg« und der gesellschaftlichen Akzeptanz sozialstaatlicher Ansprüche auf die politische Produktion passförmiger – »ökonomischer«, »marktfähiger«, »aktiver«, »eigenverantwortlicher« usw. – Subjekte zu fragen hätte. Erst damit würde in einem weiteren und tieferen Sinne der Institutionalisierung des »aktivierenden« Sozialstaats und seiner »investiven«, »produktiven« Sozialpolitiken nachgegangen – im Sinne nämlich der faktischen Einschreibung ihrer regulativen Ideen, ihrer normativen Prinzipien und ihrer kognitiven Skripte in die Handlungsorientierungen und Wissensbestände, die Beziehungsstrukturen und das Selbstverständnis der Leute. Ob und wie sich die Subjekte sozial-politisch »führen« (lassen) bzw. welche individuellen oder kollektiven Gegenbewegungen zur sozialpolitischen Bewegung sie vollziehen: Das hätte eine Sozialstaatsanalyse zu beantworten, die sich als eigenständiger Beitrag zu einer *empirischen* Theorie sozialpolitischer Gouvernementalität versteht (Denninger et al. 2010; vgl. Kalthoff 2008).

## 5.2 Kapitalismus und Kritik

Wer im vorherigen Abschnitt das »andererseits« vermisst hat, findet es hier: *Andererseits* fordert der analytische Anschluss an die *weberianische* Perspektive systemischer Subjektformierung – so die abschließend zu vertretende Position – die kritische, genauer: kapitalismuskritische Positionierung der Sozialstaatsforschung heraus. Dass der Kapitalismus als historisch-soziale Formation zuletzt überhaupt wieder zum Objekt gesellschaftstheoretischen Interesses geworden ist, hängt unmittelbar mit seiner aktuellen, fortschreitenden Lösung aus überkommenen sozialstaatlichen Bindungen zusammen: »the need to bring capitalism back into theory *results from the fact that capitalism has forcefully brought itself back to reality*« (Streeck 2009: 233; Hervorhebung im Original). Dass diese »Rückkehr« des Kapitalismus in die Realität – oder besser: in die öffentliche Wahrnehmung – der sozialstaatlich verfassten Gesellschaften nicht nur entsprechender, theoretisch informierter sozialwissenschaftlicher *Analyse* bedarf, sondern darüber hinaus auch einer daran anschließenden sozialwissenschaftlichen Kritik, ist eine in der *scientific community* keineswegs allgemein geteilte Ansicht, die hier jedoch, mit der entsprechenden Warnung versehen, gleichwohl stark gemacht werden soll (vgl. Dörre et al. 2009).

Die sozialwissenschaftliche – bzw. hier konkret: soziologische – Analyse *und* Kritik gegenwärtiger sozialstaatlicher Verhältnisse kann an ein und dieselbe, theoretische wie empirische Erkenntnis anknüpfen: an die Ablehnung nämlich funktionalistisch-technokratischer Annahmen, wonach sich die Ablösung des sozial befriedeten durch einen politisch entfesselten Kapitalismus systemisch »notwendig« vollziehe und der damit einhergehende institutionelle Wandel vom versorgenden zum investiven Sozialstaat letztlich eine ebenso unvermeidbare wie zielführende Antwort auf strukturelle »Herausforderungen« einer grundlegend veränderten »Umwelt« sei. So oder so aber lehrt die historische Soziologie, und zumal die historische Soziologie des Sozialstaats, vor allem eines: »That something is needed does not mean that it will be delivered.« (Streeck 2009: 267) »So oder so« meint: Dass der globalisierte flexible Kapitalismus für seine systemische Reproduktion eines Sozialstaats bedarf, der mit seiner Sozialpolitik zur Produktion passförmiger Subjekte und Sozialbeziehungen beiträgt, bedeutet nicht, dass sich ein entsprechendes sozialstaatliches Arrangement auch tatsächlich entwickelt und – im oben erläuterten, weiten Sinne – gesellschaftlich institutionalisieren lässt. Sozialstaatliche Vergesellschaftung, ihre Stabilität und ihr Wandel, ist immer eine Frage der *Politik*, von politischem Handeln, das als solches Erfolg haben oder scheitern, funktionsbezogen oder selbstbezüglich sein, gesetzte Ziele erreichen oder nicht-intendierte Effekte nach sich ziehen kann. Auf welche Weise auch immer – stets bedarf politische Steuerung jedenfalls der Einbeziehung des und der Mitwirkung der zu Steuernden, steht sie also unter einem strukturellen gesellschaftlichen Implementationsvorbehalt (Lenhardt & Offe 1977). Genau dies aber – das alltäglich-empirische »enactment« (Streeck 2009: 238) einer institutionellen Ordnung oder Ordnungsidee – markiert den gesellschaftlich-historischen Ort, an dem der Puls möglicher und tatsächlicher, erratischer oder strategischer Gegenbewegung(en) schlägt.

Karl Polanyi (1944) hat die »Great Transformation« hin zum liberal-industriellen Kapitalismus als einen Prozess grundlegender politisch-ökonomischer Umwälzungen rekonstruiert, der eine letzten Endes ebenso umwälzende Gegenreaktion kollektiven gesellschaftlichen Selbstschutzes gegen die sozialen Verheerungen eines Systems unregulierter Märkte hervorgerufen habe. Für ihn war die analytische Schlussfolgerung aus dieser Sozial-Geschichte des modernen Kapitalismus – am Ende des Zweiten Weltkriegs und im Angesicht der sozialen Verwüstungen des Faschismus schreibend –, dass solche Gegenbewegungen immer wieder gesellschaftlich geboten sein werden: »human society will continuously have to reinvent its politics« (Streeck 2009: 252). Dass dies auch heute wieder der Fall ist, lässt sich nur schwerlich bestreiten. Immer deutlicher werden die soziale Irrationalität und die destruktiven Konsequenzen eines institutionalisierten – durch einen ökonomisierten und ökonomisierenden Sozialstaat mit angetriebenen – kapitalistischen Wachstums- und Steigerungsregimes, das »constitutionally restless actors« (ebd.: 245) auf die immer wieder neue, immer weiter getriebene, strukturell unabschließbare Suche nach Profit und Konsum, Aktivität und Flexibilität treibt. Aber was folgt aus dieser wissenschaftlichen Analyse für die Rolle und Reichweite soziologischer Kritik?

Auch die – im weitesten Sinne: anti-kapitalistischen – sozialen Gegenbewegungen zur gegenwärtigen Ökonomisierungsbewegung sind, *als politische*, selbstverständlich ebenfalls mit dem Faktum prinzipieller Offenheit politischen Handelns konfrontiert: »Not only capitalism, but also the results of the countermovement are dynamic and historical.« (Streeck 2009: 252) Ob diese Gegenbewegung stattfinden wird, jetzt oder später oder gar nicht; ob sie einen Ausweg aus dem »ewigen« Zyklus von kommodifizierender Landnahme und dekommodifizierender Grenzziehung (Dörre 2009) weisen oder mit einer neuerlich vorübergehenden Einhegung »nur« der nächsten Stufe kapitalistischer Reproduktion vorarbeiten wird; ob ihre Kritik am Kapitalismus systemtranszendierend wirken kann oder in der kaum zu vermeidenden Gefahr systemisch-systematischer Instrumentalisierung steht (Dyk 2010); ob sie sich in ihrer sozialpolitischen Programmatik und Praxis auf die alten Sicherheiten des nationalen

Sozialstaats rückbeziehen oder aber auf Vorstellungen eines sozialstaatlichen »Garantismus« (Opielka 2007) bzw. – noch weiter gedacht – auf das Konzept »Globaler Sozialer Rechte« vorgreifen wird, das als positives Recht und Rechtsutopie zugleich die gängige, letztlich antipolitische Entgegensetzung von »Reform« und »Revolution« zu unterlaufen vermag (Samsa 2007: 208 ff.) – all diese und ähnlich gelagerte Fragen werden nicht durch die Wissenschaft, durch wissenschaftliche Analyse oder auch wissenschaftliche Kritik entschieden, sondern allein durch die zukünftige Geschichte realer sozialer (Gegen-)Bewegungen.

Gleichwohl enden die Möglichkeiten kritischer Sozial(staats)-wissenschaft nicht an den üblicherweise in Anspruch genommenen Grenzen der wissenschaftlichen Analyse. Die – bescheidene – Rolle einer an diese Analyse anschließenden, »grenzüberschreitenden« bzw. »grenzverschiebenden« Kritik kann darin bestehen, die gesellschaftliche Erinnerung an systemische Alternativen zum Kapitalismus und an die systemsprengenden Elemente kapitalistischer Dynamik aufrechtzuerhalten; den jeweils gegenwärtigen Sozialstaat als eine historisch kontingente, aus gesellschaftlichen Konflikten um die Politik mit dem Sozialen entstandene institutionelle Ordnung zu rekonstruieren und damit allfällige Mythen der Zwangsläufigkeit und Unwiderrufbarkeit sozialpolitischer Entscheidungen zu dekonstruieren; und auf diese Weise dazu beizutragen, in dem politischen Glauben an die Möglichkeiten einer gesellschaftlichen »Wiederaneignung des Sozialen« (Lessenich 2011b) operierende Gegenbewegungen – die, um erfolgreich zu sein, notwendig kollektiv sein müssen, aber durch den sozialstaatlich gestützten Herrschaftsmodus der Gegenwart gerade als »Kollektive der Träger der Kritik« (Boltanski 2008: 148) aufgelöst werden – ein wenig wahrscheinlicher zu machen.

»Will today's rising pressures to reorganize society in line with the ever more demanding requirements of capital accumulation after almost three centuries of Western capitalism not at some point have to provoke a new Polanyian countermovement, one that tries again to set a limit to the penetration of capitalist relations into the fabric of human life? How much modernization-cum-rationalization can a society sustain, and how much will it take without resistance? I believe this to be the crucial question as we observe the gradual dissolution of the stabilizing institutions of the postwar era in a new wave of global liberalization and market expansion.« (Streeck 2009: 266) Dieser entscheidenden Frage des vielleicht luzidesten Analytikers der gegenwärtigen demokratisch-kapitalistischen, sozialstaatlich sich reorganisierenden Gesellschaftsformation ist aus sozialwissenschaftlicher Sicht nichts hinzuzufügen. Nichts außer eines: nämlich die trotz aller in der wissenschaftlichen Gemeinschaft herrschenden – teils professionell bedingten, teils politisch interessierten – Vorbehalte gleichwohl bestehenden Potenziale soziologischer Kritik zu betonen. Wenn Streecks optimistische Schlusssentenz richtig ist, dass in Anbetracht der säkularen kapitalistischen Expansionstendenz »there always is a fighting chance« (ebd.: 268), dann kann die kritische Analyse des ökonomisierten und ökonomisierenden Sozialstaats auch heute und in Zukunft dazu beitragen, die Gelegenheitsstrukturen für den gesellschaftlichen Kampf um institutionelle Alternativen zu verbessern. Mehr sollte eine Theorie des Sozialstaats ehrlicherweise nicht wollen. Weniger aber auch nicht.

# Nachweise und Danksagungen

Das vorliegende Buch stellt gleichsam die Quersumme meiner über das vergangene Jahrzehnt hinweg entstandenen und verstreut erschienenen, in gewisser Weise als grundlagenwissenschaftlich zu bezeichnenden Texte zu einer Soziologie des Sozialstaats und der Sozialpolitik dar. In Zeiten des grassierenden Plagiatsverdachts erscheint es mir sinnvoll und angemessen, an dieser Stelle die Quellen meiner hier zusammengeführten, einführenden Ausführungen zu diesem Themenfeld auszuweisen.

Während *Kapitel 1, 4 und 5* gänzlich neu geschrieben wurden, sind Kapitel 2 und 3 in diesem Sinne zu erheblichen Teilen als Selbstplagiat entstanden. *Kapitel 3* geht im Keim zurück auf einen entsprechenden Abschnitt meines Beitrags »Soziologische Erklärungsansätze zu Entstehung und Funktion des Sozialstaats« (in: Jutta Allmendinger & Wolfgang Ludwig-Mayerhofer (Hg.), *Soziologie des Sozialstaats*. Weinheim/München: Juventa 2000, hier S. 41-51), der in ausgearbeiteter und erweiterter Form Eingang in mein Buch *Die Neuerfindung des Sozialen* (Bielefeld: Transcript 2008, Kap. 2 »Die Erfindung des Sozialen«, S. 39-57) und von dort in den Artikel »Wohlfahrtsstaat« im *Handbuch Soziologie* (Hg. Nina Baur et al., Wiesbaden: VS 2008, S. 483-498) gefunden hat. Für den vorliegenden Band ist dieses Kapitel nochmals gründlich überarbeitet und um den Abschnitt zu den feministischen Erklärungsansätzen (Kap. 3.4) ergänzt worden – ich danke an dieser Stelle Christine Wimbauer für die Anmahnung einer solchen Erweiterung. *Kapitel 2* nimmt die diesbezüglichen Passagen aus dem bereits erwähnten Kapitel der *Neuerfindung* (hier S. 23-38) in der überarbeiteten Form auf, wie sie auch im Rahmen des Artikels »Soziologie der Sozialpolitik« im *Handbuch Spezielle Soziologien* (Hg. Georg Kneer & Markus Schroer, Wiesbaden: VS 2010, S. 555-568) erschienen sind, auch hier erneut durchgesehen und erweitert um einen neuen Abschnitt (»Stabilisierung«, Kap. 2.8).

In diesem Zusammenhang sind zudem drei weitere, von mir an anderer Stelle veröffentlichte Einführungsbeiträge aus der jüngsten Zeit zu nennen, aus denen einzelne Ideen und Formulierungen auch in den vorliegenden Band eingegangen sind. Mein Beitrag »Arbeit, Beschäftigungsverhältnisse, Sozialstaat« für das *Handbuch Wissensgesellschaft* (Hg. Janina Engelhardt & Laura Kajetzke, Bielefeld: Transcript 2010, S. 207-218) hat mich für die Ausführungen zur sozialstaatlichen Wissensordnung in Kap. 2.9 inspiriert. Kapitel 4.2 (»Ökonomisierung«) schließlich greift in Teilen auf entsprechende Überlegungen in den beiden Beiträgen »Soziale Ungleichheit und Sozialpolitik« im *Handbuch Soziale Arbeit* (Hg. Hans-Uwe Otto & Hans Thiersch, 4. Auflage, München/Basel: Ernst Reinhardt 2011, S. 1429-1440) und »Sozialstaat und soziale Sicherheit« für das neue *Handwörterbuch zur Gesellschaft Deutschlands* (Hg. Steffen Mau & Nadine M. Schöneck, 2. Auflage, Wiesbaden: VS, i.E. 2012) zurück. Ich danke an dieser Stelle allen genannten Herausgeberinnen und Herausgebern sowie dem Transcript-Verlag dafür, dass sie mir in den vergangenen Jahren die Gelegenheit gegeben haben, in kumulativem Erkenntnisfortschritt jene systematisierende Erfassung des Feldes zu entwickeln, die nunmehr hier zu einem vorläufigen Abschluss geführt werden konnte.

Eine letzte Bemerkung: Je aktualitätsbezogener die Ausführungen dieses Bandes gerieten, umso schwieriger wurde die Auswahl der Literatur – nicht nur weil leider immer mehr publiziert wird, sondern auch, weil sich die »Klassiker« zu einzelnen

Fragen und Themen in aller Regel erst mit einigen Jahren Abstand identifizieren lassen. Obwohl ich einer eher großzügigen Verweispraxis gefolgt bin und das Literaturverzeichnis entsprechend umfangreich geraten ist, wurde daher meine Auswahl gegen Ende des Bandes notgedrungen zunehmend selektiver – ich setze darauf, dass all diejenigen Kolleginnen und Kollegen, die sich und ihr Werk hier nicht oder nicht gebührend (oder nicht mit den »richtigen« Veröffentlichungen) gewürdigt sehen, mit Nachsicht und Verständnis reagieren werden und danke Ihnen dafür im Voraus.

Jena, im März 2012

# Anhang

# Literatur


Achinger, Hans (1958): *Sozialpolitik als Gesellschaftspolitik. Von der Arbeiterfrage zum Wohlfahrtsstaat.* Reinbek b. Hamburg: Rowohlt Taschenbuch Verlag.

Achinger, Hans (1971): *Sozialpolitik als Gesellschaftspolitik. Von der Arbeiterfrage zum Wohlfahrtsstaat.* 2., erweiterte Auflage. Frankfurt a.M.: Deutscher Verein für öffentliche und private Fürsorge.

Alber, Jens (1982): *Vom Armenhaus zum Wohlfahrtsstaat. Analysen zur Entwicklung der Sozialversicherung in Westeuropa.* Frankfurt/New York: Campus.

Allmendinger, Jutta (2009): »Der Sozialstaat des 21. Jahrhunderts braucht zwei Beine«, in: *Aus Politik und Zeitgeschichte* 45/2009, S. 3-5.

Annesley, Claire (2007): »Lisbon and Social Europe: towards a European ›adult worker model‹ welfare system«, in: *Journal of European Social Policy* 17 (3), S. 195-205.

Armingeon, Klaus & Giuliano Bonoli (Hg.) (2006): *The Politics of Post-Industrial Welfare States. Adapting Post-War Social Policies to New Social Risks.* London: Routledge.

Aust, Andreas, Sigrid Leitner & Stephan Lessenich (2002): »Konjunktur und Krise des Europäischen Sozialmodells. Ein Beitrag zur politischen Präexplantationsdiagnostik«, in: *Politische Vierteljahresschrift* 43 (2), S. 272-301.

Baldwin, Peter (1990): *The Politics of Social Solidarity. Class Bases of the European Welfare State 1875-1975.* Cambridge: Cambridge University Press.

Baldwin, Peter (1996): »Can We Define a European Welfare State Model?«, S. 29-44 in: Bent Greve (Hg.), *Comparative Welfare Systems. The Scandinavian Model in a Period of Change.* Basingstoke: Macmillan.

Bambra, Clare (2007): »Defamilisation and welfare state regimes: a cluster analysis«, in: *International Journal of Social Welfare* 16 (4), S. 326-338.

Bauman, Zygmunt (1991): *Modernity and Ambivalence*. Cambridge: Polity Press. [Deutsche Übersetzung: *Moderne und Ambivalenz. Das Ende der Eindeutigkeit*. Hamburg: Junius 1992.]

Beck, Ulrich (1983): »Jenseits von Stand und Klasse? Soziale Ungleichheiten, gesellschaftliche Individualisierungsprozesse und die Entstehung neuer sozialer Formationen und Identitäten«, S. 35-74 in: Reinhard Kreckel (Hg.), *Soziale Ungleichheiten*. Soziale Welt, Sonderband 2. Göttingen: Otto Schwartz.

Berner, Frank (2009): *Der hybride Sozialstaat. Die Neuordnung von öffentlich und privat in der sozialen Sicherung*. Frankfurt/New York: Campus.

Bernhard, Stefan (2010): *Die Konstruktion von Inklusion. Europäische Sozialpolitik aus soziologischer Perspektive*. Frankfurt/New York: Campus.

Betzelt, Sigrid & Silke Bothfeld (2011a) (Hg.): *Activation and Labour Market Reforms in Europe. Challenges to Social Citizenship*. Basingstoke: Palgrave Macmillan.

Betzelt, Sigrid & Silke Bothfeld (2011b): »The Erosion of Social Status: The Case of Germany«, S. 103-124 in: Sigrid Betzelt & Silke Bothfeld (Hg.), *Activation and Labour Market Reforms in Europe. Challenges to Social Citizenship*. Basingstoke: Palgrave Macmillan.

Beyer, Jürgen (2006): *Pfadabhängigkeit. Über institutionelle Kontinuität, anfällige Stabilität und fundamentalen Wandel*. Frankfurt/New York: Campus.

Bleses, Peter & Martin Seeleib-Kaiser (2004): *The Dual Transformation of the German Welfare State*. Basingstoke: Palgrave Macmillan.

Bode, Ingo (2004): *Disorganisierter Wohlfahrtskapitalismus. Die Reorganisation des Sozialsektors in Deutschland, Frankreich und Großbritannien*. Wiesbaden: VS Verlag für Sozialwissenschaften.

Bode, Ingo (2008): *The Culture of Welfare Markets. The International Recasting of Pension and Care Systems*. New York: Routledge.

Bode, Ingo (2011): »Modalitäten und Folgen eines teilvermarktlichten Rentensystems: die neue Organisation der Alterssicherung«, in: *Sozialer Fortschritt* 60 (12), S. 426-429.

Boltanski, Luc (2008): »Individualismus ohne Freiheit. Ein pragmatischer Zugang zur Herrschaft«, in: *WestEnd. Neue Zeitschrift für Sozialforschung* 5 (2), S. 133-149.

Borchert, Jens (1995): *Die konservative Transformation des Wohlfahrtsstaates. Großbritannien, Kanada, die USA und Deutschland im Vergleich*. Frankfurt/New York: Campus.

Borchert, Jens (1998): »Ausgetretene Pfade? Zur Statik und Dynamik wohlfahrtsstaatlicher Regime«, S. 137-176 in: Stephan Lessenich & Ilona Ostner (Hg.), *Welten des Wohlfahrtskapitalismus. Der Sozialstaat in vergleichender Perspektive*. Frankfurt/New York: Campus.

Breen, Richard (1997): »Risk, Recommodification and Stratification«, in: *Sociology* 31 (3), S. 473-489.

Brettschneider, Antonio (2007a): »Jenseits von Leistung und Bedarf: Zur Systematisierung sozialpolitischer Gerechtigkeitsdiskurse«, in: *Zeitschrift für Sozialreform* 53 (4), S. 365-389.

Brettschneider, Antonio (2007b): »Die Rückkehr der Schuldfrage. Zur politischen Soziologie der Reziprozität im deutschen Wohlfahrtsstaat«, S. 111-145 in: Carina Marten & Daniel Scheuregger (Hg.), *Reziprozität und Wohlfahrtsstaat. Analysepotential und sozialpolitische Relevanz*. Opladen: Barbara Budrich.

Brettschneider, Antonio (2009): »Paradigmenwechsel als Deutungskampf. Diskursstrategien im Umbau der deutschen Alterssicherung«, in: *Sozialer Fortschritt* 58 (9/10), S. 189-199.

Bröckling, Ulrich, Susanne Krasmann & Thomas Lemke (Hg.) (2011): *Governmentality. Current Issues and Future Challenges*. New York: Routledge.

Brütt, Christian (2011): *Workfare als Mindestsicherung: Von der Sozialhilfe zu Hartz IV. Deutsche Sozialpolitik 1962 bis 2005*. Bielefeld: Transcript.

Bruno, Isabelle, Sophie Jacquot & Lou Mandin (2006): »Europeanization through its instrumentation: benchmarking, mainstreaming and the open method of coordination ... toolbox or Pandora's box?«, in: *Journal of European Public Policy* 13 (4), S. 519-536.

Bude, Heinz (2008): *Die Ausgeschlossenen. Das Ende vom Traum einer gerechten Gesellschaft*. München: Hanser.

Bude, Heinz & Andreas Willisch (Hg.) (2008): *Exklusion. Die Debatte über die »Überflüssigen«*. Frankfurt a.M.: Suhrkamp.

Castel, Robert (2000): *Die Metamorphosen der sozialen Frage. Eine Chronik der Lohnarbeit*. Konstanz: UVK.

Castel, Robert (2005): *Die Stärkung des Sozialen. Leben im neuen Wohlfahrtsstaat*. Hamburg: Hamburger Edition.

Castel, Robert (2011): *Die Krise der Arbeit. Neue Unsicherheiten und die Zukunft des Individuums.* Hamburg: Hamburger Edition.

Castel, Robert & Klaus Dörre (Hg.) (2009): *Prekarität, Abstieg, Ausgrenzung. Die soziale Frage am Beginn des 21. Jahrhunderts.* Frankfurt/New York: Campus.

Castles, Francis G. (1978): *The Social Democratic Image of Society. A Study of the Achievements and Origins of Scandinavian Social Democracy in Comparative Perspective.* London: Routledge & Kegan Paul.

Christen, Christian (2011): *Politische Ökonomie der Alterssicherung. Kritik der Reformdebatte um Generationengerechtigkeit, Demographie und kapitalgedeckte Finanzierung.* Marburg: Metropolis.

Clarke, John (2004a): »Dissolving the public realm? The logics and limits of neo-liberalism«, in: *Journal of Social Policy* 33 (1), S. 27-48.

Clarke, John (2004b): *Changing Welfare, Changing States: New Directions in Social Policy.* London: Sage.

Clarke, John, Janet Newman, Nick Smith, Elizabeth Vidler & Louise Westmarland (2007): *Creating Citizen-Consumers. Changing Publics & Changing Public Services.* London: Sage.

Conrad, Christoph (1996): »Wohlfahrtsstaaten im Vergleich: Historische und sozialwissenschaftliche Ansätze«, S. 155-180 in: Hans-Georg Haupt & Jürgen Kocka (Hg.), *Geschichte und Vergleich. Ansätze und Ergebnisse international vergleichender Geschichtsschreibung.* Frankfurt/New York: Campus.

Cox, Robert H. (2001): »The Social Construction of an Imperative. Why welfare reform happened in Denmark and the Netherlands but not in Germany«, in: *World Politics* 53 (3), S. 463-498.

Crouch, Colin & Henry Farrell (2004): »Breaking the Path of Institutional Development? Alternatives to the New Determinism«, in: *Rationality and Society* 16 (1), S. 5-43.

Dahrendorf, Ralf (1988): *The Modern Social Conflict. An Essay on the Politics of Liberty.* London: Weidenfeld and Nicolson. [Deutsche Übersetzung: *Der moderne soziale Konflikt. Essay zur Politik der Freiheit.* Stuttgart: Deutsche Verlags-Anstalt 1992.]

Daly, Mary (2011): »What Adult Worker Model? A Critical Look at Recent Social Policy Reform in Europe from a Gender and Family Perspective«, in: *Social Politics* 18 (1), S. 1-23.

Dean, Mitchell (1999): *Governmentality. Power and Rule in Modern Society*. London: Sage.

Denninger, Tina, Silke van Dyk, Stephan Lessenich & Anna Richter (2010): »Die Regierung des Alter(n)s. Analysen im Spannungsfeld von Diskurs, Dispositiv und Disposition«, S. 207-235 in: Johannes Angermüller & Silke van Dyk (Hg.), *Diskursanalyse meets Gouvernementalitätsforschung. Perspektiven auf das Verhältnis von Subjekt, Sprache, Macht und Wissen*. Frankfurt/New York: Campus.

Dörre, Klaus (2009): »Die neue Landnahme. Dynamiken und Grenzen des Finanzmarktkapitalismus«, S. 21-86 in: Klaus Dörre, Stephan Lessenich & Hartmut Rosa, *Soziologie – Kapitalismus – Kritik. Eine Debatte*. Frankfurt a.M.: Suhrkamp.

Dörre, Klaus, Stephan Lessenich & Hartmut Rosa (2009): *Soziologie – Kapitalismus – Kritik. Eine Debatte*. Unter Mitarbeit von Thomas Barth. Frankfurt a.M.: Suhrkamp.

Donati, Pierpaolo (1995): »Identity and Solidarity in the Complex of Citizenship: The Relational Approach«, in: *Innovation: The European Journal of Social Science Research* 8 (2), S. 155-173.

Donzelot, Jacques (1984): *L'invention du social. Essai sur le déclin des passions politiques*. Paris: Fayard.

Donzelot, Jacques (1988): »The Promotion of the Social«, in: *Economy and Society* 17 (3), S. 395-427.

Durkheim, Émile (1893): *Über soziale Arbeitsteilung. Studie über die Organisation höherer Gesellschaften*. Frankfurt a.M.: Suhrkamp 1988.

Durkheim, Émile (1895): *Die Regeln der soziologischen Methode*. 4. Auflage. Frankfurt a.M.: Suhrkamp 1999.

Dyk, Silke van (2008): »Best practice under construction. Ein discursive turn in der vergleichenden Wohlfahrtsstaatsforschung?«, in: *Zeitschrift für Sozialreform* 54 (4), S. 363-389.

Dyk, Silke van (2010): »Grenzüberschreitung als Norm? Zur ›Vereinnahmung‹ von Gegenstrategien im Kapitalismus und den Konsequenzen für eine Soziologie des Widerständigen«, S. 33-54 in: Karina Becker, Lars Gertenbach, Henning Laux & Tilman Reitz (Hg.), *Grenzverschiebungen des Kapitalismus. Umkämpfte Räume und Orte des Widerstands*. Frankfurt/New York: Campus.

Dyk, Silke van & Stefanie Graefe (2010): »Fit ohne Ende – gesund ins Grab? Kritische Anmerkungen zur Trias Alter, Gesundheit, Prävention«, in: *Jahrbuch für Kritische Medizin und Gesundheitswissenschaften* 46, S. 96-121.

Dyk, Silke van & Stephan Lessenich (2008): »Unsichere Zeiten. Die paradoxale ›Wiederkehr‹ der Unsicherheit«, in: *Mittelweg 36* 17 (5), S. 13-45.

Dyk, Silke van, Stephan Lessenich, Tina Denninger & Anna Richter (2010): »Die ›Aufwertung‹ des Alters. Eine gesellschaftliche Farce«, in: *Mittelweg 36* 19 (5), S. 15-33.

Ebbinghaus, Bernhard & Philip Manow (Hg.) (2001): *Comparing Welfare Capitalism. Social policy and political economy in Europe, Japan and the USA*. London/New York: Routledge.

Eichenhofer, Eberhard (2007): *Geschichte des Sozialstaats in Europa. Von der »sozialen Frage« bis zur Globalisierung*. München: C.H. Beck.

Emirbayer, Mustafa (1997): »Manifesto for a Relational Sociology«, in: *American Journal of Sociology* 103 (2), S. 281-317.

Esping-Andersen, Gøsta (1985): *Politics Against Markets. The Social Democratic Road to Power*. Princeton: Princeton University Press.

Esping-Andersen, Gøsta (1987a): »The Comparison of Policy Regimes: An Introduction«, S. 3-12 in: Martin Rein, Gøsta Esping-Andersen & Lee Rainwater (Hg.), *Stagnation and Renewal in Social Policy. The Rise and Fall of Policy Regimes*. Armonk: M. E. Sharpe.

Esping-Andersen, Gøsta (1987b): »Citizenship and Socialism: De-Commodification and Solidarity in the Welfare State«, S. 78-101 in: Martin Rein, Gøsta Esping-Andersen & Lee Rainwater (Hg.), *Stagnation and Renewal in Social Policy. The Rise and Fall of Policy Regimes*. Armonk: M. E. Sharpe.

Esping-Andersen, Gøsta (1990): *The Three Worlds of Welfare Capitalism*. Cambridge: Polity Press.

Esping-Andersen, Gøsta (1994): »Welfare States and the Economy«, S. 711-732 in: Neil J. Smelser & Richard Swedberg (Hg.), *The Handbook of Economic Sociology*. Princeton/New York: Princeton University Press/ Russell Sage Foundation.

Esping-Andersen, Gøsta (1996a): »Welfare States without Work: the Impasse of Labour Shedding and Familialism in Continental European Social Policy«, S. 66-87 in: Gøsta Esping-Andersen (Hg.), *Welfare States in Transition. National Adaptations in Global Economies*. London: Sage.

Esping-Andersen, Gøsta (1996b): »After the Golden Age? Welfare State Dilemmas in a Global Economy«, S. 1-31 in: Gøsta Esping-Andersen

(Hg.), *Welfare States in Transition. National Adaptations in Global Economies*. London: Sage.

Esping-Andersen, Gøsta (1996c): »Positive-Sum Solutions in a World of Trade-Offs?«, S. 256-267 in: Gøsta Esping-Andersen (Hg.), *Welfare States in Transition. National Adaptations in Global Economies*. London: Sage.

Esping-Andersen, Gøsta (1999): *The Social Foundations of Post-Industrial Economies*. Oxford: Oxford University Press.

Esping-Andersen, Gøsta (2002a): »A New Gender Contract«, S. 68-95 in: Gøsta Esping-Andersen, Duncan Gallie, Anton Hemerijck & John Myles, *Why We Need a New Welfare State*. Oxford: Oxford University Press.

Esping-Andersen, Gøsta (2002b): »A Child-Centred Social Investment Strategy«, S. 26-67 in: Gøsta Esping-Andersen, Duncan Gallie, Anton Hemerijck & John Myles, *Why We Need a New Welfare State*. Oxford: Oxford University Press.

Esping-Andersen, Gøsta, Duncan Gallie, Anton Hemerijck & John Myles (2002): *Why We Need a New Welfare State*. Oxford: Oxford University Press.

Etzemüller, Thomas (2007): *Ein ewigwährender Untergang. Der apokalyptische Bevölkerungsdiskurs im 20. Jahrhundert*. Bielefeld: Transcript.

Evans, Peter B., Dietrich Rueschemeyer & Theda Skocpol (Hg.) (1985): *Bringing the State Back In*. Cambridge: Cambridge University Press.

Evers, Adalbert & Helga Nowotny (1987): *Über den Umgang mit Unsicherheit. Die Entdeckung der Gestaltbarkeit von Gesellschaft*. Frankfurt a.M.: Suhrkamp.

Evers, Adalbert & Helmut Wintersberger (Hg.) (1990): *Shifts in the Welfare Mix. Their Impact on Work, Social Services and Welfare Policies*. Frankfurt/New York: Campus/Westview.

Ewald, François (1989): »Die Versicherungs-Gesellschaft«, in: *Kritische Justiz* 22 (4), S. 385-393.

Ewald, François (1991): »Insurance and risk«, S. 197-210 in: Graham Burchell, Colin Gordon & Peter Miller (Hg.), *The Foucault Effect. Studies in Governmentality*. Chicago: The University of Chicago Press.

Ewald, François (1993): *Der Vorsorgestaat*. Frankfurt a.M.: Suhrkamp.

Ferragina, Emanuele & Martin Seeleib-Kaiser (2011): »Welfare regime debate: past, present, futures?«, in: *Policy and Politics* 39 (4), S. 583-611.

Flora, Peter, Jens Alber & Jürgen Kohl (1977): »Zur Entwicklung der westeuropäischen Wohlfahrtsstaaten«, in: *Politische Vierteljahresschrift* 18 (4), S. 702-772.

Flora, Peter & Arnold J. Heidenheimer (Hg.) (1981): *The Development of Welfare States in Europe and America.* New Brunswick: Transaction Books.

Forsthoff, Ernst (1938): *Die Verwaltung als Leistungsträger.* Stuttgart: Kohlhammer.

Foucault, Michel (1999): *In Verteidigung der Gesellschaft. Vorlesung am Collège de France (1975-1976).* Herausgegeben von Mauro Bertani und Alessandro Fontana. Frankfurt a.M.: Suhrkamp.

Foucault, Michel (2004): *Geschichte der Gouvernementalität II. Die Geburt der Biopolitik. Vorlesung am Collège de France (1978-1979).* Herausgegeben von Michel Senellart. Frankfurt a.M.: Suhrkamp.

Fraser, Nancy (1994): »After the Family Wage: Gender Equity and the Welfare State«, in: *Political Theory* 22 (4), S. 591-618.

Ganßmann, Heiner (2009): *Politische Ökonomie des Sozialstaats.* 2., überarb. Auflage. Münster: Westfälisches Dampfboot.

Geiger, Theodor (1950): »Typologie und Mechanik der gesellschaftlichen Fluktuation«, S. 114-167 in: Theodor Geiger, *Arbeiten zur Soziologie. Methode, Moderne Großgesellschaft, Rechtssoziologie, Ideologiekritik.* Neuwied/Berlin: Luchterhand 1962.

Gemici, Kurtuluş (2008): »Karl Polanyi and the antinomies of embeddedness«, in: *Socio-Economic Review* 6 (1), S. 5-33.

Gerhard, Ute, Alice Schwarzer & Vera Slupik (Hg.) (1988): *Auf Kosten der Frauen. Frauenrechte im Sozialstaat.* Weinheim: Beltz.

Gertenbach, Lars (2007): *Die Kultivierung des Marktes. Foucault und die Gouvernementalität des Neoliberalismus.* Berlin: Parodos.

Giddens, Anthony (1983): »Klassenspaltung, Klassenkonflikt und Bürgerrechte. Gesellschaft im Europa der achtziger Jahre«, S. 15-33 in: Reinhard Kreckel (Hg.), *Soziale Ungleichheiten.* Soziale Welt, Sonderband 2. Göttingen: Otto Schwartz.

Giddens, Anthony (1984): *The Constitution of Society. Outline of the Theory of Structuration.* Cambridge: Polity Press. [Deutsche Übersetzung: *Die Konstitution der Gesellschaft. Grundzüge einer Theorie der Strukturierung.* Frankfurt/New York: Campus 1988.]

Giddens, Anthony (1998): *The Third Way. The Renewal of Social Democracy*. Cambridge: Polity Press. [Deutsche Übersetzung: *Der Dritte Weg. Die Erneuerung der sozialen Demokratie*. Frankfurt a.M.: Suhrkamp 1999.]

Goldthorpe, John H. (Hg.) (1984): *Order and Conflict in Contemporary* Capitalism. Oxford: Clarendon Press.

Goodin, Robert E. (1996): »Institutions and Their Design«, S. 1-53 in: Robert E. Goodin (Hg.), *The Theory of Institutional Design*. Cambridge: Cambridge University Press.

Goodin, Robert & Julian LeGrand (1987): *Not Only for the Poor. The Middle Classes and the Welfare State*. London: Allen and Unwin.

Gordon, Linda & Nancy Fraser (1994): »›Dependency‹ Demystified: Inscriptions of Power in a Keyword of the Welfare State«, in: *Social Politics* 1 (1), S. 4-31.

Gough, Ian (1979): *The Political Economy of the Welfare State*. London: Macmillan.

Grell, Britta (2008): *Workfare in den USA. Das Elend der US-amerikanischen Sozialhilfepolitik*. Bielefeld: Transcript.

Greve, Bent (Hg.) (2010): *Choice. Challenges and Perspectives for the European Welfare States*. Chichester: Wiley-Blackwell.

Guillén, Ana M. & Santiago Álvarez (2004): »The EU's impact on the Spanish welfare state: the role of cognitive Europeanization«, in: *Journal of European Social Policy* 14 (3), S. 285-299.

Hacker, Jacob S. (2005): »Policy Drift: The Hidden Politics of US Welfare State Retrenchment«, S. 40-82 in: Wolfgang Streeck & Kathleen Thelen (Hg.), *Beyond Continuity. Institutional Change in Advanced Political Economies*. Oxford: Oxford University Press.

Haferkamp, Heinrich (2000): »Kriegsfolgen und gesellschaftliche Wandlungsprozesse«, S. 102-124 in: Wolfgang Knöbl & Gunnar Schmidt (Hg.), *Die Gegenwart des Krieges. Staatliche Gewalt in der Moderne*. Frankfurt a.M.: Fischer Taschenbuch Verlag.

Hall, Peter A. (1993): »Policy Paradigms, Social Learning, and the State. The Case of Economic Policymaking in Britain«, in: *Comparative Politics* 25 (3), S. 275-296.

Heidenheimer, Arnold J. (1983): »Secularization Patterns and the Westward Spread of the Welfare State, 1883-1983. Two dialogues about how and why Britain, the Netherlands, and the United States have differed«, in: *Comparative Social Research* 6, S. 3-38.

Heimann, Eduard (1929): *Soziale Theorie des Kapitalismus. Theorie der Sozialpolitik*. Frankfurt a.M.: Suhrkamp 1980.

Herlth, Alois, Ewald J. Brunner, Hartmann Tyrell & Jürgen Kriz (Hg.) (1994): *Abschied von der Normalfamilie? Partnerschaft kontra Elternschaft*. Berlin: Springer.

Hernes, Helga Maria (1987): *Welfare State and Woman Power. Essays in State Feminism*. Oslo: Norwegian University Press. [Deutsche Übersetzung: *Wohlfahrtsstaat und Frauenmacht. Essays über die Feminisierung des Staates*. Baden-Baden: Nomos 1989.]

Hicks, Alexander, Joya Misra & Tang Nah Ng (1995): »The Programmatic Emergence of the Social Security State«, in: *American Sociological Review* 60 (3), S. 329-349.

Hobsbawm, Eric (1994): *Age of Extremes. The short twentieth century, 1914-1991*. London: Joseph. [Deutsche Übersetzung: *Das Zeitalter der Extreme. Weltgeschichte des 20. Jahrhunderts*. München: Hanser 1995.]

Hockerts, Hans Günter (2011): »Vom Problemlöser zum Problemerzeuger? Der Sozialstaat im 20. Jahrhundert«, S. 325-358 in: Hans Günter Hockerts, *Der deutsche Sozialstaat. Entfaltung und Gefährdung seit 1945*. Göttingen: Vandenhoeck & Ruprecht.

Höpner, Martin, Alexander Petring, Daniel Seikel & Benjamin Werner (2011): »Liberalisierungspolitik. Eine Bestandsaufnahme der Rückführung wirtschafts- und sozialpolitischer Interventionen in entwickelten Industrieländern«, in: *Kölner Zeitschrift für Soziologie und Sozialpsychologie* 63 (1), S. 1-32.

Holden, Chris (2003): »Decommodification and the Workfare State«, in: *Political Studies Review* 1 (3), S. 303-316.

Honneth, Axel (1992): *Kampf um Anerkennung. Zur moralischen Grammatik sozialer Konflikte*. Mit einem neuen Nachwort. Frankfurt a.M.: Suhrkamp 2003.

Honneth, Axel (2002): »Organisierte Selbstverwirklichung. Paradoxien der Individualisierung«, S. 141-158 in: Axel Honneth (Hg.), *Befreiung aus der Mündigkeit. Paradoxien des gegenwärtigen Kapitalismus*. Frankfurt/New York: Campus.

Huber, Evelyne & John D. Stephens (2001): *Development and Crisis of the Welfare State. Parties and Policies in Global Markets*. Chicago: University of Chicago Press.

Huf, Stefan (1998): »Sozialstaat und Marktökonomie – oder: Wie voraussetzungsvoll ist funktionale Differenzierung?«, in: *Soziale Systeme* 4 (2), S. 359-385.

Iversen, Torben & Anne Wren (1998): »Equality, Employment, and Budgetary Restraint. The Trilemma of the Service Economy«, in: *World Politics* 50 (4), S. 507-546.

Jenson, Jane & Denis Saint-Martin (2003): »New Routes to Social Cohesion? Citizenship and the Social Investment State«, in: *The Canadian Journal of Sociology* 28 (1), S. 77-99.

Jepsen, Maria & Amparo Serrano Pascual (2005): »The European Social Model: an exercise in deconstruction«, in: *Journal of European Social Policy* 15 (3), S. 231-245.

Jepsen, Maria & Amparo Serrano Pascual (Hg.) (2006): *Unwrapping the European Social Model.* Bristol: The Policy Press.

Jessop, Bob (1986): »Der Wohlfahrtsstaat im Übergang vom Fordismus zum Postfordismus«, in: *PROKLA. Zeitschrift für kritische Sozialwissenschaft* 65, S. 4-33.

Jessop, Bob (2006): »Kapitalistischer Staatstyp und autoritärer Etatismus. Poulantzas' Staatstheorie als moderner Klassiker«, S. 48-64 in: Lars Bretthauer, Alexander Gallas, John Kannankulam & Ingo Stützle (Hg.), *Poulantzas lesen. Zur Aktualität marxistischer Staatstheorie.* Hamburg: VSA-Verlag.

Jürgens, Kerstin (2010): »Deutschland in der Reproduktionskrise«, in: *Leviathan* 38 (4), S. 559-587.

Kalberg, Stephen (2001): *Einführung in die historisch-vergleichende Soziologie Max Webers.* Wiesbaden: Westdeutscher Verlag.

Kalthoff, Herbert (2008): »Einleitung: Zur Dialektik von qualitativer Forschung und soziologischer Theoriebildung«, S. 8-32 in: Herbert Kalthoff, Stefan Hirschauer & Gesa Lindemann (Hg.), *Theoretische Empirie. Zur Relevanz qualitativer Forschung.* Frankfurt a.M.: Suhrkamp.

Katzenstein, Peter (1985): *Small States in World Markets. Industrial Policy in Europe.* Ithaca: Cornell University Press.

Kaube, Jürgen (2003): »Das Reflexionsdefizit des Wohlfahrtsstaates«, S. 41-54 in: Stephan Lessenich (Hg.), *Wohlfahrtsstaatliche Grundbegriffe. Historische und aktuelle Diskurse.* Frankfurt/New York: Campus.

Kaufmann, Franz-Xaver (1973): *Sicherheit als soziologisches und sozialpolitisches Problem. Untersuchungen zu einer Wertidee hochdifferenzierter Gesellschaften.* 2., umgearbeitete Auflage. Stuttgart: Enke.

Kaufmann, Franz-Xaver (1982): »Elemente einer soziologischen Theorie sozialpolitischer Intervention«, S. 69-106 in: Franz-Xaver Kaufmann, *Sozialpolitik und Sozialstaat: Soziologische Analysen.* 2., erweiterte Auflage. Wiesbaden: VS Verlag für Sozialwissenschaften 2005.

Kaufmann, Franz-Xaver (1983): »Steuerungsprobleme im Wohlfahrtsstaat«, S. 185-218 in: Franz-Xaver Kaufmann, *Sozialpolitik und Sozialstaat: Soziologische Analysen.* 2., erweiterte Auflage. Wiesbaden: VS Verlag für Sozialwissenschaften 2005.

Kaufmann, Franz-Xaver (1989): »Christentum und Wohlfahrtsstaat«, S. 89-119 in: Franz-Xaver Kaufmann, *Religion und Modernität. Sozialwissenschaftliche Perspektiven.* Tübingen: J. C. B. Mohr (Paul Siebeck).

Kaufmann, Franz-Xaver (1996): »Diskurse über Staatsaufgaben«, S. 15-41 in: Dieter Grimm (Hg.), *Staatsaufgaben.* Unter Mitarbeit von Evelyn Hagenah. Frankfurt a.M.: Suhrkamp.

Kaufmann, Franz-Xaver (1997): *Herausforderungen des Sozialstaates.* Frankfurt a.M.: Suhrkamp.

Kaufmann, Franz-Xaver (1998): »Der Sozialstaat als Prozeß – für eine Sozialpolitik zweiter Ordnung«, S. 129-144 in: Franz-Xaver Kaufmann, *Sozialpolitik und Sozialstaat: Soziologische Analysen.* 2., erweiterte Auflage. Wiesbaden: VS Verlag für Sozialwissenschaften 2005.

Kaufmann, Franz-Xaver (2003a): *Varianten des Wohlfahrtsstaats. Der deutsche Sozialstaat im internationalen Vergleich.* Frankfurt a.M.: Suhrkamp.

Kaufmann, Franz-Xaver (2003b): »Sicherheit: Das Leitbild beherrschbarer Komplexität«, S. 73-104 in: Stephan Lessenich (Hg.), *Wohlfahrtsstaatliche Grundbegriffe. Historische und aktuelle Diskurse.* Frankfurt/New York: Campus.

Kaufmann, Franz-Xaver (2003c): *Sozialpolitisches Denken. Die deutsche Tradition.* Frankfurt a.M.: Suhrkamp.

Kersbergen, Kees van (1995): *Social Capitalism. A Study of Christian Democracy and the Welfare State.* London: Routledge.

Kersbergen, Kees van & Philip Manow (Hg.) (2009): *Religion, Class Coalitions, and Welfare States.* Cambridge: Cambridge University Press.

Klundt, Michael (2008): *Von der sozialen zur Generationengerechtigkeit? Polarisierte Lebenslagen und ihre Deutung in Wissenschaft, Politik und Medien.* Wiesbaden: VS Verlag für Sozialwissenschaften.

Knijn, Trudie & Monique Kremer (1997): »Gender and the caring dimension of welfare states: toward inclusive citizenship«, in: *Social Politics* (4) 3, S. 328-361.

Knijn, Trudie & Ilona Ostner (2002): »Commodification and de-commodification«, S. 141-169 in: Barbara Hobson, Jane Lewis & Birte Siim (Hg.), *Contested Concepts in Gender and Social Politics.* Cheltenham/Northhampton: Edward Elgar.

Köppe, Stephan, Frank Nullmeier & Achim Wiesner (2007): »Legitimationswandel des bundesdeutschen Sozialstaats«, in: *Sozialer Fortschritt* 56 (9/10), S. 227-236.

Kohli, Martin (1985): »Die Institutionalisierung des Lebenslaufs. Historische Befunde und theoretische Argumente«, in: *Kölner Zeitschrift für Soziologie und Sozialpsychologie* 37 (1), S. 1-29.

Kohli, Martin (1988): »Normalbiographie und Individualität: Zur institutionellen Dynamik des gegenwärtigen Lebenslaufregimes«, S. 33-53 in: Hanns-Georg Brose & Bruno Hildenbrand (Hg.), *Vom Ende des Individuums zur Individualität ohne Ende.* Opladen: Leske + Budrich.

Kolbe, Wiebke (2002): *Elternschaft im Wohlfahrtsstaat. Schweden und die Bundesrepublik im Vergleich 1945-2000.* Frankfurt/New York: Campus.

Koppetsch, Claudia (2010): »Jenseits der individualisierten Mittelstandsgesellschaft? Zur Ambivalenz subjektiver Lebensführung in unsicheren Zeiten«, S. 225-243 in: Peter A. Berger & Ronald Hitzler (Hg.), *Individualisierungen. Ein Vierteljahrhundert »jenseits von Klasse und Stand«.* Wiesbaden: VS Verlag für Sozialwissenschaften.

Korpi, Walter (1983): *The Democratic Class Struggle.* London: Routledge & Kegan Paul.

Korpi, Walter & Joakim Palme (1998): »The Paradox of Redistribution and Strategies of Equality: Welfare State Institutions, Inequality, and Poverty in the Western Countries«, in: *American Sociological Review* 63 (5), S. 661-687.

Kremer, Monique (2007): *How Welfare States Care. Culture, Gender and Parenting in Europe.* Amsterdam: Amsterdam University Press.

Kröger, Teppo (2011): »Defamilisation, dedomestication and care policy: Comparing child care service provisions of welfare states«, in: *International Journal of Sociology and Social Policy* 31 (7/8), S. 424-440.

Kronauer, Martin (2010): *Exklusion. Die Gefährdung des Sozialen im hoch entwickelten Kapitalismus.* 2., aktualisierte und erweiterte Auflage. Frankfurt/New York: Campus.

Kulawik, Teresa (1999): *Wohlfahrtsstaat und Mutterschaft. Schweden und Deutschland 1870-1912.* Frankfurt/New York: Campus.

Landwehr, Achim (2001): *Geschichte des Sagbaren. Einführung in die historische Diskursanalyse.* Tübingen: ed. diskord.

Langan, Mary & Ilona Ostner (1991): »Gender and Welfare: Towards a Comparative Framework«, S. 127-150: Graham Room (Hg.), *Towards a European Welfare State?* Bristol: SAUS.

Lash, Scott & John Urry (1987): *The End of Organized Capitalism.* Cambridge: Polity Press.

Leira, Arnlaug & Chiara Saraceno (2002): »Care: actors, relationships and contexts«, S. 55-83 in: Barbara Hobson, Jane Lewis & Birte Siim (Hg.), *Contested Concepts in Gender and Social Politics.* Cheltenham/Northhampton: Edward Elgar.

Leisering, Lutz (1997): »Individualisierung und ›sekundäre Institutionen‹. Der Sozialstaat als Voraussetzung des modernen Individuums«, S. 143-159 in: Ulrich Beck & Peter Sopp (Hg.), *Individualisierung und Integration. Neue Konfliktlinien und neuer Integrationsmodus?* Opladen: Leske + Budrich.

Leisering, Lutz (2008): »Soziale Globalisierung? Die Entstehung globaler Sozialpolitik«, in: *Aus Politik und Zeitgeschichte* 21/2008, S. 21-26.

Leitner, Sigrid (2003): »Varieties of familialism: the caring function of the family in comparative perspective«, in: *European Societies* 5 (4), S. 353-375.

Leitner, Sigrid & Stephan Lessenich (2007): »(In)Dependence as dependent variable: conceptualizing and measuring ›de-familization‹«, S. 244-260 in: Jochen Clasen & Nico Siegel (Hg.), *Investigating Welfare State Change. The ›Dependent Variable Problem‹ in Comparative Analysis.* Cheltenham/Northhampton: Edward Elgar.

Lemke, Thomas, Susanne Krasmann & Ulrich Bröckling (2000): »Gouvernementalität, Neoliberalismus und Selbsttechnologien. Eine Einleitung«, S. 7-40 in: Ulrich Bröckling, Susanne Krasmann & Thomas

Lemke (Hg.), *Gouvernementalität der Gegenwart. Studien zur Ökonomisierung des Sozialen.* Frankfurt a.M.: Suhrkamp.

Lenhardt, Gero & Claus Offe (1977): »Staatstheorie und Sozialpolitik. Politisch-soziologische Erklärungsansätze für Funktionen und Innovationsprozesse der Sozialpolitik«, S. 98-127 in: Christian von Ferber & Franz-Xaver Kaufmann (Hg.), *Soziologie und Sozialpolitik.* Kölner Zeitschrift für Soziologie und Sozialpsychologie, Sonderheft 19. Opladen: Westdeutscher Verlag.

Lepsius, M. Rainer (1979): »Soziale Ungleichheit und Klassenstrukturen in der Bundesrepublik Deutschland. Lebenslagen, Interessenvermittlung und Wertorientierungen«, S. 166-209 in: Hans-Ulrich Wehler (Hg.), *Klassen in der europäischen Sozialgeschichte.* Göttingen: Vandenhoeck & Ruprecht.

Lepsius, M. Rainer (1990): *Interessen, Ideen und Institutionen.* Opladen: Westdeutscher Verlag.

Lessenich, Stephan (1996): »Umbauende Abbauten. Die peinlichen Geheimnisse der Debatte um Effektivität und Effizienz der Sozialpolitik«, in: *Zeitschrift für Sozialreform* 43 (11/12), S. 854-862.

Lessenich, Stephan (1998): »›Relations matter‹: De-Kommodifizierung als Verteilungsproblem«, S. 91-108 in: Stephan Lessenich & Ilona Ostner (Hg.), *Welten des Wohlfahrtskapitalismus. Der Sozialstaat in vergleichender Perspektive.* Frankfurt/New York: Campus.

Lessenich, Stephan (1999): »Vorwärts – und nichts vergessen. Die neue deutsche Sozialstaatsdebatte und die Dialektik sozialpolitischer Intervention«, in: *PROKLA. Zeitschrift für kritische Sozialwissenschaft* 116, S. 411-430.

Lessenich, Stephan (2003a): *Dynamischer Immobilismus. Kontinuität und Wandel im deutschen Sozialmodell.* Frankfurt/New York: Campus.

Lessenich, Stephan (Hg.) (2003b): *Wohlfahrtsstaatliche Grundbegriffe. Historische und aktuelle Diskurse.* Frankfurt/New York: Campus.

Lessenich, Stephan (2003c): »Soziale Subjektivität. Die neue Regierung der Gesellschaft«, in: *Mittelweg 36* 12 (4), S. 80-93.

Lessenich, Stephan (2004): »Ökonomismus zum Wohlfühlen. Gøsta Esping-Andersen und die neue Architektur des Sozialstaats«, in: *PROKLA. Zeitschrift für kritische Sozialwissenschaft* 136, S. 469-476.

Lessenich, Stephan (2005): »›Frozen Landscapes‹ Revisited: Path Creation in the European Social Model«, in: *Social Policy and Society* 4 (4), S. 345-356.

Lessenich, Stephan (2006a): »Du bist Unterschicht. Zur Remoralisierung sozialer Ungleichheit«, in: *PROKLA. Zeitschrift für kritische Sozialwissenschaft* 145, S. 611-614.

Lessenich, Stephan (2006b): »Beweglich – Unbeweglich«, S. 336-352 in: Stephan Lessenich & Frank Nullmeier (Hg.), *Deutschland – eine gespaltene Gesellschaft*. Frankfurt/New York: Campus.

Lessenich, Stephan (2007): »Die Grenzen der Anerkennung – Zum Wandel der moralischen Ökonomie des Wohlfahrtsstaates«, S. 151-167 in: Christine Wimbauer, Annette Henninger & Markus Gottwald (Hg.), *Die Gesellschaft als »institutionalisierte Anerkennungsordnung«. Anerkennung und Ungleichheit in Paarbeziehungen, Arbeitsorganisationen und Sozialstaat*. Opladen/Farmington Hills: Barbara Budrich.

Lessenich, Stephan (2008a): *Die Neuerfindung des Sozialen. Der Sozialstaat im flexiblen Kapitalismus*. Bielefeld: Transcript.

Lessenich, Stephan (2008b): »Produktives Altern. Auf dem Weg zum Alterskraftunternehmer?«, S. 45-64 in: Manfred Füllsack (Hg.), *Verwerfungen moderner Arbeit. Zum Formwandel des Produktiven*. Bielefeld: Transcript.

Lessenich, Stephan (2009a): »Mobilität und Kontrolle. Zur Dialektik der Aktivgesellschaft«, S. 126-177 in: Klaus Dörre, Stephan Lessenich & Hartmut Rosa, *Soziologie – Kapitalismus – Kritik. Eine Debatte*. Frankfurt a.M.: Suhrkamp.

Lessenich, Stephan (2009b): »Das Elend der Mittelschichten. Die ›Mitte‹ als Chiffre gesellschaftlicher Transformation«, in: *Widersprüche* 111, S. 19-28.

Lessenich, Stephan (2009c): »Lohn und Leistung, Schuld und Verantwortung. Das Alter in der Aktivgesellschaft«, S. 279-295 in: Silke van Dyk & Stephan Lessenich (Hg.), *Die jungen Alten. Analysen einer neuen Sozialfigur*. Frankfurt/New York: Campus.

Lessenich, Stephan (2010): »Neue Pfade? Ja bitte! Wertkonflikte auf dem Weg zum demokratischen Sozialstaat«, S. 148-170 in: Berthold Huber (Hg.), *Kurswechsel für Deutschland. Die Lehren aus der Krise*. Frankfurt/New York: Campus.

Lessenich, Stephan (2011a): »Constructing the Socialized Self. Mobilization and Control in the ›Active Society‹«, S. 304-319 in: Ulrich Bröckling, Susanne Krasmann & Thomas Lemke (Hg.), *Governmentality. Current Issues and Future Challenges*. New York/London: Routledge.

Lessenich, Stephan (2011b): »Die Wiederaneignung des Sozialen«, S. 194-204 in: Matthias Machnig (Hg.), *Welchen Fortschritt wollen wir? Neue Wege zu Wachstum und sozialem Wohlstand*. Frankfurt/New York: Campus.

Lessenich, Stephan (2012): »›Aktivierender‹ Sozialstaat: eine politisch-soziologische Zwischenbilanz«, S. 41-53 in: Reinhard Bispinck, Gerhard Bosch, Klaus Hofemann & Gerhard Naegele (Hg.), *Sozialpolitik und Sozialstaat*. Festschrift für Gerhard Bäcker. Wiesbaden: VS Verlag für Sozialwissenschaften.

Lessenich, Stephan & Frank Nullmeier (Hg.) (2006): *Deutschland – eine gespaltene Gesellschaft*. Frankfurt/New York: Campus.

Lessenich, Stephan & Ilona Ostner (Hg.) (1998): *Welten des Wohlfahrtskapitalismus. Der Sozialstaat in vergleichender Perspektive*. Frankfurt/New York: Campus.

Lewis, Jane (1992): »Gender and the development of welfare regimes«, in: *Journal of European Social Policy* 2 (3), S. 159-173.

Lewis, Jane (2001): »The Decline of the Male Breadwinner Model: Implications for Work and Care«, in: *Social Politics* 8 (2), S. 152-169.

Lewis, Jane (2004): »Auf dem Weg zur ›Zwei-Erwerbstätigen‹-Familie«, S. 62-84 in: Sigrid Leitner, Ilona Ostner & Margrit Schratzenstaller (Hg.), *Wohlfahrtsstaat und Geschlechterverhältnis im Umbruch. Was kommt nach dem Ernährermodell?* Jahrbuch für Europa- und Nordamerika-Studien 7. Wiesbaden: VS Verlag für Sozialwissenschaften.

Lewis, Jane (2006): »Gender and Welfare in Modern Europe«, S. 39-54 in: Ruth Harris & Lyndal Roper (Hg.), *The Art of Survival. Gender and History in Europe, 1450-2000*. Past & Present, Supplement 1. Oxford: Oxford University Press.

Lewis, Jane & Susanna Giullari (2005): »The adult worker model family, gender equality and care: the search for new policy principles and the possibilities and problems of a capabilities approach«, in: *Economy and Society 34* (1), S. 76-104.

Lister, Ruth (1994): »›She has other duties‹: Women, citizenship and social security«, S. 31-44 in: Sally Baldwin & Jane Falkingham (Hg.), *So-*

*cial Security and Social Change: New Challenges to the Beveridge Model.* New York: Harvester Wheatsheaf.

Lister, Ruth (2004): »The Third Way's Social Investment State«, S. 157-181 in: Jane Lewis & Rebeca Surender (Hg.), *Welfare State Change. Towards a Third Way?* Oxford: Oxford University Press.

Lødemel, Ivar & Heather Trickey (Hg.) (2001): *An Offer You Can't Refuse. Workfare in International Perspective.* Bristol: The Policy Press.

Lohmann, Henning (2009): »Konzept und Messung von Defamilisierung in international vergleichender Perspektive«, S. 93-128 in: Birgit Pfau-Effinger, Sladana Sakac Magdalenic & Christof Wolf (Hg.), *International vergleichende Sozialforschung. Ansätze und Messkonzepte unter den Bedingungen der Globalisierung.* Wiesbaden: VS Verlag für Sozialwissenschaften.

Luhmann, Niklas (1981): *Politische Theorie im Wohlfahrtsstaat.* München/Wien: Günter Olzog.

Luhmann, Niklas (2000): *Die Politik der Gesellschaft.* Herausgegeben von André Kieserling. Frankfurt a.M.: Suhrkamp.

Lutz, Helma (2007): *Vom Weltmarkt in den Privathaushalt. Die neuen Dienstmädchen im Zeitalter der Globalisierung.* Unter Mitarbeit von Susanne Schwalgin. Opladen: Barbara Budrich.

Mackert, Jürgen (2006): *Staatsbürgerschaft. Eine Einführung.* Wiesbaden: VS Verlag für Sozialwissenschaften.

Mahoney, James (2000): »Path Dependence in Historical Sociology«, in: *Theory and Society* 29 (4), S. 507-548.

Mandin, Christelle & Bruno Palier (2004): »L'Europe et les politiques sociales: vers une harmonisation cognitive des réponses nationales«, S. 255-285 in: Christian Lequesne & Yves Surel (Hg.), *L'intégration européenne: entre dynamique institutionelle et recomposition de l'Etat.* Paris: Presses de Sciences Po.

Mannheim, Karl (1929): *Ideologie und Utopie.* 3., vermehrte Auflage. Frankfurt a.M.: Schulte-Bulmke 1952.

Manow, Philip (1998): »Individuelle Zeit, institutionelle Zeit, soziale Zeit: Das Vertrauen in die Sicherheit der Rente und die Debatte um Kapitaldeckung und Umlage in Deutschland«, in: *Zeitschrift für Soziologie* 27 (3), S. 193-211.

Manow, Philip (2008): *Religion und Sozialstaat. Die konfessionellen Grundlagen europäischer Wohlfahrtsstaatsregime.* Frankfurt/New York: Campus.

Manske, Alexandra (2005): »Eigenverantwortung statt wohlfahrtsstaatlicher Absicherung. Anmerkungen zum Gestaltwandel sozialer Absicherung«, in: *Berliner Journal für Soziologie* 15 (2), S. 241-258.

Mares, Isabella (2003): *The Politics of Social Risk. Business and Welfare State Development.* New York: Cambridge University Press.

Marshall, Thomas H. (1949): »Citizenship and Social Class«, S. 67-127 in: Thomas H. Marshall, *Sociology at the crossroads and other essays.* London: Heinemann 1963. [Deutsche Übersetzung: »Staatsbürgerrechte und soziale Klassen«, S. 33-94 in: Thomas H. Marshall, *Bürgerrechte und soziale Klassen. Zur Soziologie des Wohlfahrtsstaates.* Herausgegeben, übersetzt und mit einem Vorwort versehen von Elmar Rieger. Frankfurt/New York: Campus 1992.]

Mau, Steffen (2002): »Wohlfahrtsregimes als Reziprozitätsarrangements. Versuch einer Typologisierung«, in: *Berliner Journal für Soziologie* 12 (3), S. 345-364.

Mau, Steffen (2003): *The Moral Economy of Welfare States. Britain and Germany Compared.* London: Routledge.

Mayntz, Renate (2002): »Zur Theoriefähigkeit makro-sozialer Analysen«, S. 7-43 in: Renate Mayntz (Hg.), *Akteure – Mechanismen – Modelle. Zur Theoriefähigkeit makro-sozialer Analysen.* Frankfurt/New York: Campus.

McLaughlin, Eithne & Caroline Glendinning (1994): »Paying for care in Europe: is there a feminist approach?«, S. 52-69 in: Linda Hantrais & Steen Mangen (Hg.), *Family Policy and the Welfare of Women.* Loughborough: Loughborough University of Technology.

Mohr, Katrin (2005): »Stratifizierte Rechte und soziale Exklusion von Migranten im Wohlfahrtsstaat«, in: *Zeitschrift für Soziologie* 34 (5), S. 383-398.

Mohr, Katrin (2007): *Soziale Exklusion im Wohlfahrtsstaat. Arbeitslosensicherung und Sozialhilfe in Großbritannien und Deutschland.* Wiesbaden: VS Verlag für Sozialwissenschaft.

Morel, Natalie, Bruno Palier & Joakim Palme (Hg.) (2011): *Towards a Social Investment Welfare State? Ideas, Policies and Challenges.* Bristol: The Policy Press.

Mosher, James S. & David M. Trubek (2003): »Alternative Approaches to Governance in the EU: EU Social Policy and the European Employment Strategy«, in: *Journal of Common Market Studies* 41 (1), S. 63-88.

Mückenberger, Ulrich (1990): »Normalarbeitsverhältnis: Lohnarbeit als normativer Horizont sozialer Sicherheit?«, S. 158-178 in: Christoph Sachße & H. Tristram Engelhardt (Hg.), *Sicherheit und Freiheit. Zur Ethik des Wohlfahrtsstaates*. Frankfurt a.M.: Suhrkamp.

Müller, Hans-Peter & Michael Schmid (1988): »Arbeitsteilung, Solidarität und Moral. Eine werkgeschichtliche und systematische Einführung in die ›Arbeitsteilung‹ von Émile Durkheim«, S. 481-521 in: Émile Durkheim, *Über soziale Arbeitsteilung. Studie über die Organisation höherer Gesellschaften*. Frankfurt a.M.: Suhrkamp.

Münch, Richard (2009): *Das Regime des liberalen Kapitalismus. Inklusion und Exklusion im neuen Wohlfahrtsstaat*. Frankfurt/New York: Campus.

Münch, Richard (2010): *Das Regime des Pluralismus. Zivilgesellschaft im Kontext der Globalisierung*. Frankfurt/New York: Campus.

Münnich, Sascha (2010): *Interessen und Ideen. Die Entstehung der Arbeitslosenversicherung in Deutschland und den USA*. Frankfurt/New York: Campus.

Münnich, Sascha (2011a): »Wie weit reicht der Einfluss von Ideen? Herausforderungen und Grenzen ideen- und diskursorientierter Wohlfahrtsstaatsforschung«, in: *Zeitschrift für Sozialreform* 57 (4), S. 487-498.

Münnich, Sascha (2011b): »Interessen und Ideen: Soziologische Kritik einer problematischen Unterscheidung«, in: *Zeitschrift für Soziologie* 40 (5), S. 371-387.

Nell-Breuning, Oswald von (1957): »Solidarität und Subsidiarität im Raume von Sozialpolitik und Sozialreform«, S. 213-226 in: Erik Boettcher (Hg.), *Sozialpolitik und Sozialreform. Ein einführendes Lehr- und Handbuch der Sozialpolitik*. Tübingen: J. C. B. Mohr (Paul Siebeck).

Nelson, Barbara (1990): »The Origins of the Two-Channel Welfare State: Workmen's Compensation and Mothers' Aid«, S. 123-151 in: Linda Gordon (Hg.), *Women, the State, and Welfare*. Madison: The University of Wisconsin Press.

Nonhoff, Martin (2006): *Politischer Diskurs und Hegemonie. Das Projekt »Soziale Markwirtschaft«*. Bielefeld: Transcript.

Nullmeier, Frank (2004): »Vermarktlichung des Sozialstaats«, in: *WSI-Mitteilungen* 57 (9), S. 495-500.

Nullmeier, Frank (2009): »Soziale Gerechtigkeit – ein politischer ›Kampfbegriff‹?«, in: *Aus Politik und Zeitgeschichte* 47/2009, S. 9-14.

Nullmeier, Frank, Stephan Köppe & Jonas Friedrich (2009): »Legitimationen der Sozialpolitik«, S. 151-189 in: Herbert Obinger & Elmar Rieger (Hg.), *Wohlfahrtsstaatlichkeit in entwickelten Demokratien. Herausforderungen, Reformen und Perspektiven*. Festschrift für Stephan Leibfried. Frankfurt/New York: Campus.

Nullmeier, Frank & Friedbert W. Rüb (1993): *Die Transformation der Sozialpolitik. Vom Sozialstaat zum Sicherungsstaat*. Frankfurt/New York: Campus.

Obinger, Herbert & Uwe Wagschal (Hg.) (2000): *Der gezügelte Wohlfahrtsstaat. Sozialpolitik in reichen Industrienationen*. Frankfurt/New York: Campus.

O'Connor, James (1973): *The Fiscal Crisis of the State*. New York: St. Martin's Press.

O'Connor, Julia S. (1993): »Gender, Class and Citizenship in the Comparative Analysis of Welfare State Regimes: Theoretical and Methodological Issues«, in: *British Journal of Sociology* 44 (3), S. 501-518.

Offe, Claus (1971): Spätkapitalismus – Versuch einer Begriffsbestimmung, S. 51-66 in: Claus Offe, *Strukturprobleme des kapitalistischen Staates. Aufsätze zur Politischen Soziologie*. Veränderte Neuausgabe herausgegeben und eingeleitet von Jens Borchert und Stephan Lessenich. Frankfurt/New York: Campus 2006.

Offe, Claus (1972): »Klassenherrschaft und politisches System. Die Selektivität politischer Institutionen«, S. 95-126 in: Claus Offe, *Strukturprobleme des kapitalistischen Staates. Aufsätze zur Politischen Soziologie*. Veränderte Neuausgabe herausgegeben und eingeleitet von Jens Borchert und Stephan Lessenich. Frankfurt/New York: Campus 2006.

Offe, Claus (1973): »Krisen des Krisenmanagements. Elemente einer politischen Krisentheorie«, S. 197-223 in: Martin Jänicke (Hg.), *Herrschaft und Krise. Beiträge zur politikwissenschaftlichen Krisenforschung*. Opladen: Westdeutscher Verlag.

Offe, Claus (1975): »Reformpolitik und das Interesse des Staates an sich selbst«, S. 127-152 in: Claus Offe, *Strukturprobleme des kapitalistischen Staates. Aufsätze zur Politischen Soziologie*. Veränderte Neuausgabe herausgegeben und eingeleitet von Jens Borchert und Stephan Lessenich. Frankfurt/New York: Campus 2006.

Offe, Claus (1984): »Zu einigen Widersprüchen des modernen Sozialstaates«, S. 323-339 in: Claus Offe, *»Arbeitsgesellschaft«: Strukturprobleme und Zukunftsperspektiven*. Frankfurt/New York: Campus.

Offe, Claus (1985): *Disorganized Capitalism. Contemporary Transformations of Work and Politics*. Edited by John Keane. Cambridge: MIT Press.

Offe, Claus (1990): »Akzeptanz und Legitimität strategischer Optionen in der Sozialpolitik«, S. 179-202 in: Christoph Sachße & H. Tristram Engelhardt (Hg.), *Sicherheit und Freiheit. Zur Ethik des Wohlfahrtsstaates*. Frankfurt a.M.: Suhrkamp.

Offe, Claus (2001): »Wessen Wohl ist das Gemeinwohl?«, S. 459-488 in: Lutz Wingert & Klaus Günther (Hg.), *Die Öffentlichkeit der Vernunft und die Vernunft der Öffentlichkeit*. Festschrift für Jürgen Habermas. Frankfurt a.M.: Suhrkamp.

Offe, Claus (2006): *Strukturprobleme des kapitalistischen Staates. Aufsätze zur Politischen Soziologie*. Veränderte Neuausgabe herausgegeben und eingeleitet von Jens Borchert und Stephan Lessenich. Mit einem Vor- und Nachwort von Claus Offe. Frankfurt/New York: Campus.

Oorschot, Wim van, Michael Opielka & Birgit Pfau-Effinger (Hg.) (2008): *Culture and Welfare State. Values and Social Policy in Comparative Perspective*. London: Edward Elgar.

Opielka, Michael (2004): *Sozialpolitik. Grundlagen und vergleichende Perspektiven*. Reinbek b. Hamburg: Rowohlt Taschenbuch Verlag.

Opielka, Michael (2007): »Grundeinkommen als Sozialreform«, in: *Aus Politik und Zeitgeschichte* 51-52/2007, S. 3-10.

Orloff, Ann Shola (1993): »Gender and the Social Rights of Citizenship: The Comparative Analysis of Gender Relations and Welfare States«, in: *American Sociological Review* 58 (3), S. 303-328.

Ostner, Ilona (1995): »Arm ohne Ehemann? Sozialpolitische Regulierung von Lebenschancen für Frauen im internationalen Vergleich«, in: *Aus Politik und Zeitgeschichte* 36-37/1995, S. 3-12.

Palier, Bruno (2000): »›Defrosting‹ the French Welfare State«, in: *West European Politics* 23 (2), S. 113-136.

Palier, Bruno & Claude Martin (2008): »From ›a Frozen Landscape‹ to Structural Reforms: The Sequential Transformation of Bismarckian Welfare Systems«, S. 1-20 in: Bruno Palier & Claude Martin (Hg.), *Reforming the Bismarckian Welfare Systems*. Oxford: Blackwell.

Papadopoulos, Theo (2005): »The Recommodification of European Labour: Theoretical and Empirical Explorations«. *ERI Working Paper Series WP – 05 – 03*. Bath: The European Research Institute.

Pateman, Carole (1989): »The Patriarchal Welfare State«, S. 133-150 in: Christopher Pierson & Francis G. Castles (Hg.), *The Welfare State. A Reader*. Cambridge: Polity Press.

Paul, David (2001): »Path Dependence, Its Critics, and the Quest for ›Historical Economics‹«, S. 15-40 in: Pierre Garrouste & Stavros Ioannides (Hg.), *Evolution and Path Dependence in Economic Ideas: Past and Present*. Cheltenham: Edward Elgar.

Pierson, Paul (1993): »When Effect Becomes Cause. Policy Feedback and Political Change«, in: *World Politics* 45 (4), S. 595-628.

Pierson, Paul (2000): »Increasing Returns, Path Dependence, and the Study of Politics«, in: *American Political Science Review* 94 (2), S. 251-268.

Pierson, Paul (2001): »Coping with Permanent Austerity. Welfare State Restructuring in Affluent Democracies«, S. 410-456 in: Paul Pierson (Hg.), *The New Politics of the Welfare State*. Oxford: Oxford University Press.

Pierson, Paul (2003): »Big, Slow-Moving, and ... Invisible. Macrosocial Processes in the Study of Comparative Politics«, S. 177-207 in: James Mahoney & Dietrich Rueschemeyer (Hg.), *Comparative Historical Analysis in the Social Sciences*. Cambridge: Cambridge University Press.

Pierson, Paul (2004): *Politics in Time. History, Institutions, and Social Analysis*. Princeton: Princeton University Press.

Piven, Frances Fox & Richard A. Cloward (1971): *Regulating the Poor. The Functions of Public Welfare*. New York: Vintage Books. [Deutsche Übersetzung: *Regulierung der Armut. Die Politik der öffentlichen Wohlfahrt*. Frankfurt a.M.: Suhrkamp 1977.]

Polanyi, Karl (1944): *The Great Transformation. Politische und ökonomische Ursprünge von Gesellschaften und Wirtschaftssystemen*. 1. Aufl. (Nachdr.). Frankfurt a.M.: Suhrkamp 2004.

Polanyi, Karl (1957): »Die Wirtschaft als eingerichteter Prozeß«, S. 219-244 in: Karl Polanyi, *Ökonomie und Gesellschaft*. Mit einer Einleitung von S. C. Humphreys. Frankfurt a.M.: Suhrkamp 1979.

Poulantzas, Nicos (1978): *Staatstheorie. Politischer Überbau, Ideologie, Autoritärer Etatismus*. Mit einer Einleitung von Alex Demirovic, Joachim Hirsch und Bob Jessop. Hamburg: VSA-Verlag 2002.

Prantl, Heribert (2010): »Korrektur des Schicksals«, in: *Süddeutsche Zeitung*, 20. Februar 2010, S. 57.

Prisching, Manfred (1996): *Bilder des Wohlfahrtsstaates*. Marburg: Metropolis.

Przeworski, Adam & John Sprague (1986): *Paper Stones. A History of Electoral Socialism*. Chicago: University of Chicago Press.

Raphael, Lutz (1996): »Die Verwissenschaftlichung des Sozialen als methodische und konzeptionelle Herausforderung für eine Sozialgeschichte des 20. Jahrhunderts«, in: *Geschichte und Gesellschaft* 22 (2), S. 165-193.

Rehberg, Karl-Siegbert (1994): »Institutionen als symbolische Ordnungen. Leitfragen und Grundkategorien zur Theorie und Analyse institutioneller Mechanismen«, S. 47-84 in: Gerhard Göhler (Hg.), *Die Eigenart der Institutionen. Zum Profil politischer Institutionentheorie*. Baden-Baden: Nomos.

Riedmüller, Barbara (1984): »Frauen haben keine Rechte: zur Stellung der Frau im System sozialer Sicherheit«, S. 46-72 in: Ilona Kickbusch & Barbara Riedmüller (Hg.), *Die armen Frauen. Frauen und Sozialpolitik*. Frankfurt a.M.: Suhrkamp.

Rieger, Elmar (1992): *Die Institutionalisierung des Wohlfahrtsstaates*. Opladen: Westdeutscher Verlag.

Rieger, Elmar (1998): »Soziologische Theorie und Sozialpolitik im entwickelten Wohlfahrtsstaat«, S. 59-89 in: Stephan Lessenich & Ilona Ostner (Hg.), *Welten des Wohlfahrtskapitalismus. Der Sozialstaat in vergleichender Perspektive*. Frankfurt/New York: Campus.

Rieger, Elmar & Stephan Leibfried (2001): *Grundlagen der Globalisierung. Perspektiven des Wohlfahrtsstaates*. Frankfurt a.M.: Suhrkamp.

Rimlinger, Gaston (1971): *Welfare Policy and Industrialization in Europe, America, and Russia*. New York: Wiley.

Ritter, Gerhard A. (1998): *Soziale Frage und Sozialpolitik in Deutschland seit Beginn des 19. Jahrhunderts*. Opladen: Leske + Budrich.

Rüb, Friedbert W. (2003): »Risiko: Versicherung als riskantes Geschäft«, S. 303-330 in: Stephan Lessenich (Hg.), *Wohlfahrtsstaatliche Grundbegriffe. Historische und aktuelle Diskurse*. Frankfurt/New York: Campus.

Rueschemeyer, Dietrich & Theda Skocpol (Hg.) (1996): *States, Social Knowledge and the Origins of Modern Social Policies*. Princeton/New York: Princeton University Press/Russell Sage Foundation.

Saari, Juho & Jon Kvist (2007): »European Union developments and national social protection«, S. 1-20 in: Jon Kvist & Juho Saari (Hg.), *The Europeanisation of social protection*. Bristol: The Policy Press.

Sachweh, Patrick (2011): »Ideen, Werte und Kultur als Erklärungsfaktoren in der Wohlfahrtsstaatsforschung«, in: *Zeitschrift für Sozialreform* 57 (4), S. 371-382.

Sainsbury, Diane (1994): »Women's and Men's Social Rights: Gendering Dimensions of Welfare States«, S. 150-169 in: Diane Sainsbury (Hg.), *Gendering Welfare States*. London: Sage.

Sainsbury, Diane (1996): *Gender, Equality and Welfare States*. Cambridge: Cambridge University Press.

Salamon, Lester M. (1993): »The Marketization of Welfare: Changing Non-Profit and For-Profit Roles in the American Welfare State«, in: *Social Service Review* 67 (1), S. 16-39.

Saldern, Adelheid von & Rüdiger Hachtmann (2009): »Das fordistische Jahrhundert: Eine Einleitung«, in: *Zeithistorische Forschungen/Studies in Contemporary History* 6 (2), S. 174-185.

Samsa, Gregor (2007): »Globale Rechte – Hype oder kommunistisches Szenario? Globale Rechte im Spannungsfeld von Utopie, sozialen Kämpfen und positivem Recht«, S. 201-210 in: Roland Klautke & Brigitte Oehrlein (Hg.), *Prekarität – Neoliberalismus – Deregulierung. Beiträge des »Kritischen Bewegungsdiskurses«*. Hamburg: VSA-Verlag.

Saraceno, Chiara (2008): »›Care‹ leisten und ›Care‹ erhalten zwischen Individualisierung und Refamilialisierung«, in: *Berliner Journal für Soziologie* 18 (2), S. 244-256.

Scharpf, Fritz W. (1987): *Sozialdemokratische Krisenpolitik in Europa*. Frankfurt/New York: Campus.

Scharpf, Fritz W. (1996): »Negative and Positive Integration in the Political Economy of European Welfare States«, S. 15-39 in: Gary Marks, Fritz W. Scharpf, Philippe C. Schmitter & Wolfgang Streeck (Hg.), *Governance in the European Union*. London: Sage.

Scharpf, Fritz W. & Vivien A. Schmidt (Hg.) (2000): *Welfare and Work in the Open Economy*. Volume 1: From Vulnerability to Competitiveness. Oxford: Oxford University Press.

Schelsky, Helmut (1953): »Die Bedeutung des Schichtungsbegriffs für die Analyse der gegenwärtigen deutschen Gesellschaft«, S. 331-336 in: Helmut Schelsky, *Auf der Suche nach Wirklichkeit. Gesammelte Aufsätze*. Düsseldorf: Diederichs 1965.

Schimank, Uwe (2007): *Theorien gesellschaftlicher Differenzierung*. 3. Auflage. Wiesbaden: VS Verlag für Sozialwissenschaften.

Schimank, Uwe (2009): »Die Moderne: eine funktional differenzierte kapitalistische Gesellschaft«, in: *Berliner Journal für Soziologie* 19 (3), S. 327-351.

Schimank, Uwe (2011): »Wohlfahrtsgesellschaften als funktionaler Antagonismus von Kapitalismus und Demokratie: Ein immer labilerer Mechanismus?«. *MPIfG Working Paper 11/2*. Köln: Max-Planck-Institut für Gesellschaftsforschung.

Schmidt, Manfred G. (1982): *Wohlfahrtsstaatliche Politik unter bürgerlichen und sozialdemokratischen Regierungen*. Frankfurt/New York: Campus.

Schmidt, Vivien A. (2008): »Discoursive Institutionalism: The Explanatory Power of Ideas and Discourse«, in: *Annual Review of Political Science* 11, S. 303-326.

Schommer, Martin (2008): *Wohlfahrt im Wandel. Risiken, Verteilungskonflikte und sozialstaatliche Reformen in Deutschland und Großbritannien*. Wiesbaden: VS Verlag für Sozialwissenschaften.

Schulz, Günther (1998): »Soziale Sicherung von Frauen und Familien«, S. 117-149 in: Hans Günter Hockerts (Hg.), *Drei Wege deutscher Sozialstaatlichkeit. NS-Diktatur, Bundesrepublik und DDR im Vergleich*. München: R. Oldenbourg Verlag.

Schumpeter, Joseph A. (1946): *Kapitalismus, Sozialismus und Demokratie*. 7., erweiterte Aufl. Tübingen/Basel: Francke 1993.

Scruggs, Lyle (2007): »Welfare state generosity across space and time«, S. 133-165 in: Jochen Clasen & Nico Siegel (Hg.), *Investigating Welfare State Change. The ›Dependent Variable Problem‹ in Comparative Analysis*. Cheltenham/Northhampton: Edward Elgar.

Seeleib-Kaiser, Martin (2008): »Welfare State Transformations in Comparative Perspective: Shifting Boundaries of ›Public‹ and ›Private‹ Social Policies?«, S. 1-14 in Martin Seeleib-Kaiser (Hg.), *Welfare State Transformations. Comparative Perspectives*. Basingstoke: Palgrave Macmillan.

Serrano Pascual, Amparo & Lars Magnusson (Hg.) (2007): *Reshaping Welfare States and Activation Regimes in Europe*. Bruxelles: P.I.E. Peter Lang.

Shalev, Michael (1983): »The Social Democratic Model and Beyond: Two ›generations‹ of comparative research on the welfare state«, in: *Comparative Social Research* 6, S. 315-351.

Simmel, Georg (1894): »Das Problem der Soziologie«, S. 52-61 in: Georg Simmel, *Aufsätze und Abhandlungen 1894 bis 1900*. Georg-Simmel-Gesamtausgabe, Band 5. Herausgegeben von Heinz-Jürgen Dahme und David P. Frisby. Frankfurt a.M.: Suhrkamp 1992.

Simmel, Georg (1908): »Der Arme«, S. 512-555 in: Georg Simmel, *Soziologie. Untersuchungen über die Formen der Vergesellschaftung*. Georg-Simmel-Gesamtausgabe, Band 11. Frankfurt a.M.: Suhrkamp 1992.

Simmel, Georg (1917): »Das Gebiet der Soziologie«, S. 37-50 in: Georg Simmel, *Schriften zur Soziologie. Eine Auswahl*. Herausgegeben und eingeleitet von Heinz-Jürgen Dahme und Otthein Rammstedt. Frankfurt a.M.: Suhrkamp 1983.

Skocpol, Theda (1992): *Protecting Soldiers and Mothers. The Political Origins of Social Policy in the United States*. Cambridge: The Belknap Press of Harvard University Press.

Skowronek, Stephen (1982): *Building a New American State. The Expansion of National Administrative Capacities, 1877-1920*. Cambridge: Cambridge University Press.

Streeck, Wolfgang (2009): *Re-Forming Capitalism. Institutional Change in the German Political Economy*. Oxford: Oxford University Press.

Streeck, Wolfgang & Kathleen Thelen (2005): »Introduction: Institutional Change in Advanced Political Economies«, S. 1-39 in: Wolfgang Streeck & Kathleen Thelen (Hg.), *Beyond Continuity. Institutional Change in Advanced Political Economies*. Oxford: Oxford University Press.

Sturn, Richard (2011): »Familienpolitik zwischen Krise und Paradigmenwechsel«, S. 7-31 in: Margareta Kreimer, Richard Sturn & Rudolf Dujmovits (Hg.), *Paradigmenwechsel in der Familienpolitik*. Wiesbaden: VS Verlag für Sozialwissenschaft.

Swaan, Abram de (1988): *In Care of the State. Health Care, Education and Welfare in Europe and the USA in the Modern Era*. Cambridge: Polity Press. [Deutsche Übersetzung: *Der sorgende Staat. Wohlfahrt, Gesundheit und Bildung in Europa und den USA der Neuzeit*. Frankfurt/New York: Campus 1993.]

Taylor-Gooby, Peter (Hg.) (1998): *Choice and Public Policy. The Limits to Welfare Markets*. Basingstoke: Macmillan.

Taylor-Gooby, Peter (2001): »The Politics of Welfare in Europe«, S. 1-28 in: Peter Taylor-Gooby (Hg.), *Welfare States Under Pressure*. London: Sage.

Taylor-Gooby, Peter (2004): »New Social Risks and Welfare States: New Paradigm and New Politics?«, S. 209-238 in: Peter Taylor-Gooby (Hg.), *New Risks, New Welfare. The Transformation of the European Welfare State*. Oxford: Oxford University Press.

Tennstedt, Florian (1997): »Peitsche und Zuckerbrot oder ein Reich mit Zuckerbrot? Der Deutsche Weg zum Wohlfahrtsstaat 1871-1881«, in: *Zeitschrift für Sozialreform* 43 (1), S. 88-101.

Thelen, Kathleen & Sven Steinmo (1992): »Historical institutionalism in comparative politics«, S. 1-32 in: Sven Steinmo, Kathleen Thelen & Frank Longstreth (Hg.), *Structuring Politics. Historical Institutionalism in Comparative Analysis*. Cambridge: Cambridge University Press.

Thorlindsson, Thorolfur & Runar Vilhjalmsson (2003): »Introduction to the Special Issue: Science, Knowledge and Society«, in: *Acta Sociologica* 46 (2), S. 99-105.

Tilly, Charles (Hg.) (1975): *The Formation of National States in Western Europe*. Princeton: Princeton University Press.

Titmuss, Richard M. (1955): »War and Social Policy«, S. 102-112 in: Brian Abel-Smith & Kay Titmuss (Hg.), *The Philosophy of Welfare. Selected Writings of Richard M. Titmuss*. London: Allen & Unwin 1987.

Trampusch, Christine (2000): »Grenzen der Diffusion. Die formative Phase der Arbeitsmarktpolitik in den Niederlanden«, S. 153-177 in: Zentrum für Europa- und Nordamerika-Studien (ZENS) (Hg.), *Sozialmodell Europa. Konturen eines Phänomens*. Jahrbuch für Europa- und Nordamerika-Studien 4/2000. Opladen: Leske + Budrich.

Tufte, Edward R. (1978): *Political Control of the Economy*. Princeton: Princeton University Press.

Ullrich, Carsten G. (2000): *Solidarität im Sozialversicherungsstaat. Die Akzeptanz des Solidarprinzips in der gesetzlichen Krankenkasse*. Frankfurt/New York: Campus.

Ullrich, Carsten G. (2008): *Die Akzeptanz des Wohlfahrtsstaates. Präferenzen, Konflikte, Deutungsmuster*. Wiesbaden: VS Verlag für Sozialwissenschaften.

Vobruba, Georg (1983): *Politik mit dem Wohlfahrtsstaat*. Frankfurt a.M.: Suhrkamp.

Vobruba, Georg (1991): *Jenseits der sozialen Fragen. Modernisierung und Transformation von Gesellschaftssystemen*. Frankfurt a.M.: Suhrkamp.

Vobruba, Georg (2003): »Freiheit: Autonomiegewinne der Leute im Wohlfahrtsstaat«, S. 137-155 in: Stephan Lessenich (Hg.), *Wohlfahrtsstaatliche Grundbegriffe. Historische und aktuelle Diskurse*. Frankfurt/New York: Campus.

Vobruba, Georg (2009): *Die Gesellschaft der Leute. Kritik und Gestaltung der sozialen Verhältnisse*. Wiesbaden: VS Verlag für Sozialwissenschaften.

Vogel, Berthold (2004): »Der Nachmittag des Wohlfahrtsstaats. Zur politischen Ordnung gesellschaftlicher Ungleichheit«, in: *Mittelweg 36* 13 (4), S. 36-55.

Vogel, Berthold (2007): *Die Staatsbedürftigkeit der Gesellschaft*. Hamburg: Hamburger Edition.

Vogel, Berthold (2009): *Wohlstandskonflikte. Soziale Fragen, die aus der Mitte kommen*. Hamburg: Hamburger Edition.

Wagner, Peter (1994): *A Sociology of Modernity. Liberty and Discipline*. London/New York: Routledge. [Deutsche Übersetzung: *Soziologie der Moderne. Freiheit und Disziplin*. Frankfurt/New York: Campus 1995.]

Weber, Max (1904a): »Die ›Objektivität‹ sozialwissenschaftlicher und sozialpolitischer Erkenntnis«, S. 146-214 in: Max Weber, *Gesammelte Aufsätze zur Wissenschaftslehre*. Herausgegeben von Johannes Winckelmann. 7. Auflage. Tübingen: J. C. B. Mohr (Paul Siebeck) 1988.

Weber, Max (1904b): »Die protestantische Ethik und der Geist des Kapitalismus«, S. 17-206 in: Max Weber, *Gesammelte Aufsätze zur Religionssoziologie*. Band 1. 9. Auflage. Tübingen: J. C. B. Mohr (Paul Siebeck) 1988.

Weber, Max (1915): »Die Wirtschaftsethik der Weltreligionen. Vergleichende religionssoziologische Versuche. Einleitung«, S. 237-275 in: Max Weber, *Gesammelte Aufsätze zur Religionssoziologie*. Band 1. 9. Auflage. Tübingen: J. C. B. Mohr (Paul Siebeck) 1988.

Weber, Max (1917): »Der Sinn der ›Wertfreiheit‹ der soziologischen und ökonomischen Wissenschaften«, S. 489-540 in: Max Weber, *Gesammelte Aufsätze zur Wissenschaftslehre*. Herausgegeben von Johannes Winckelmann. 7. Auflage. Tübingen: J. C. B. Mohr (Paul Siebeck) 1988.

Wilensky, Harold L. (1981): »Leftism, Catholicism and democratic corporatism: The role of political parties in recent welfare state development«, S. 345-382 in: Peter Flora & Arnold J. Heidenheimer (Hg.),

*The Development of Welfare States in Europe and America.* New Brunswick: Transaction Books.

Wilensky, Harold L. & Charles N. Lebeaux (1958): *Industrial Society and Social Welfare. The impact of industrialization on the supply and organization of social welfare services in the United States.* New York: Russell Sage Foundation.

Wrong, Dennis H. (1961): »The Oversocialized Conception of Man in Modern Sociology«, in: *American Sociological Review* 26 (2), S. 183-193.

Yeates, Nicola (2004): »Global Care Chains: critical reflections and lines of enquiry«, in: *International Feminist Journal of Politics* 6 (3), S. 369-391.

Yeates, Nicola (2008): *Understanding Global Social Policy.* Bristol: The Policy Press.

Zapf, Wolfgang (1991): »Modernisierung und Modernisierungstheorien«, S. 23-29 in: Wolfgang Zapf (Hg.), *Die Modernisierung moderner Gesellschaften.* Verhandlungen des 25. Deutschen Soziologentages in Frankfurt am Main 1990. Frankfurt/New York: Campus.

Zimmermann, Bénédicte (2006): *Arbeitslosigkeit in Deutschland. Zur Entstehung einer sozialen Kategorie.* Frankfurt/New York: Campus.

## Personenregister



## Sachregister

**Stephan Lessenich**, geb. 1964, ist Professor für Vergleichende Gesellschafts- und Kulturanalyse am Institut für Soziologie und (gemeinsam mit Klaus Dörre und Hartmut Rosa) Direktor der DFG-Kollegforschergruppe »Postwachstumsgesellschaften« an der Friedrich-Schiller-Universität Jena. Er ist stellvertretender Vorsitzender der Deutschen Gesellschaft für Soziologie und Sprecher der Sektion Sozialpolitik in der DGS, zudem Redaktionsmitglied der *PROKLA. Zeitschrift für kritische Sozialwissenschaft.* Arbeitsschwerpunkte: Theorie des Wohlfahrtsstaats / Soziologie der Sozialpolitik, Vergleichende Makrosoziologie, Soziologische Zeitdiagnose, Politische Soziologie, Soziologie des Alter(n)s. Jüngste Buchveröffentlichungen: *Soziologie – Kapitalismus – Kritik. Eine Debatte* (mit Klaus Dörre und Hartmut Rosa), Frankfurt a.M.: Suhrkamp 2009; *Die jungen Alten. Analysen einer neuen Sozialfigur* (Hg. mit Silke van Dyk), Frankfurt/New York: Campus 2009; *Die Neuerfindung des Sozialen. Der Sozialstaat im flexiblen Kapitalismus*, Bielefeld: Transcript 2008.